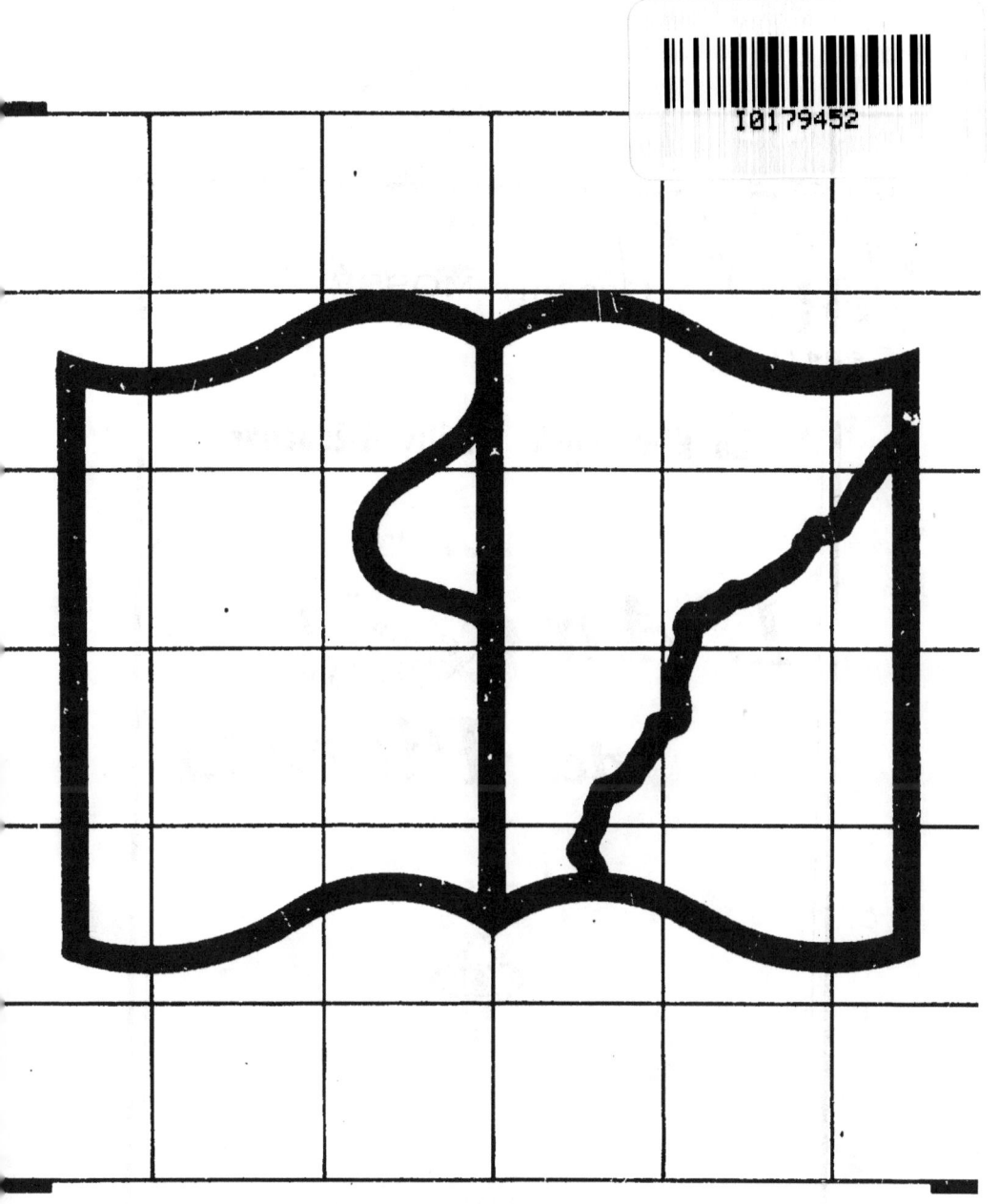

Georges MOSSÉ

La Philosophie Intuitive-Déductive

L'Ame des Pierres

CANNES
IMPRIMERIE V. GUIGLION
3, Rue M^{al} Foch

1919

Georges MOSSÉ

La Philosophie Intuitive-Déductive

L'AME DES PIERRES

V. GUIGLION — CANNES

1919.

Du Même Auteur :

La Théorie de l'Adaptisme, 1 vol. in-8°. 1912.
Giard & Brière, éditeurs, 16, rue Soufflot, Paris.

———

Introduction
à la
Philosophie Intuitive-déductive.

Avant d'aborder dans son déroulement régulier cette chaîne de théories qui part de la vibration première pour aboutir à l'entendement humain, il est bon d'initier le lecteur attentif à l'idée maîtresse qui doit le guider.

Nous apportons, non pas de multiples points de vue, mais un seul. Et toutes les thèses que nous allons développer s'inspirent toutes du même principe qui est le principe vital de l'Univers, et qui est à l'origine de toutes les vies.

Certes, notre théorie astronomique ne sera pas la même que celle qu'on doit enseigner à l'école. Certes, nos formules physiques, chimiques, botaniques, biologiques et psychologiques, seront pour le lecteur un étonnement. Mais nous n'envisageons pas la science à la manière classique et documentaire. Et nous voulons que le lecteur, en tournant les pages, découvre qu'on ne veut lui inculquer qu'une idée unique, appliquée à tous les savoirs.

Si nous ne sommes pas d'accord avec la science nous en demandons pardon à la science. C'est que la science n'a pas été faite pour nous. Nous n'avons pas voulu nous servir des routes tracées. Nous nous sommes laissé doucement entraîner par l'intuition (l'idée synthétique et spontanée), que la déduction, (la réflexion laborieuse et analytique), est venue compléter.

Et c'est ainsi qu'une âme neuve, non instruite, non influencée par les connaissances incertaines accumulées au cours des âges, a cru pouvoir reprendre à son compte, au point de départ, l'explication de la vie.

Un intuitif a déjà dit : « La Religion-Science c'est l'avenir de l'âme humaine. »*

La religion a un nom plus précis, c'est l'intuition. La science en a un autre, c'est la déduction.

Nous avons entrepris de relier, par une succession d'efforts obstinés, ces deux sœurs ennemies.

Il est à remarquer que toute idée, toute invention humaine, tout progrès procède toujours de complications pour aboutir à une simplification naturelle. Tout est à rebours dans ce livre. Nous procédons du simple pour parvenir au compliqué. Et c'est la loi inconnue et unique qui nous ramène aux myriades de faits connus.

Ce livre n'est que le corps difforme et disproportionné d'une idée pure. C'est une matérialisation visible, et nécessairement imparfaite, mais indispensable à la production de l'esprit qui l'inspire. Tant il est vrai que l'idée ne vit que dans la forme et que l'esprit ne peut se passer de matière pour s'affirmer.

Ces premières pages ne sont que le prélude, l'introduction à beaucoup d'autres, mais elles portent en elles le principe de l'harmonie universelle, que nous appliquerons ensuite à l'histoire du passé et à l'élaboration de l'avenir.

Non, nous n'apportons pas toute la science, toute la poésie, tout l'art dans leur suprême perfection, mais simplement un principe basique, un canevas initial, des assises qui permettront aux hommes de bonne volonté d'apporter à leur tour quelques pierres de plus à l'édification d'un règne nouveau.

Nous avons cherché, dans la matière vile, les matériaux capables de composer l'objet d'art, dans l'engrais nous avons essayé de faire germer la fleur. Nous avons fouillé dans le passé pour y déchiffrer l'énigme du rythme éternel, afin d'appliquer ce rythme aux choses futures.

Ne ris pas, savant lecteur, parce qu'un ignorant te parle. La science officielle a failli et les religions humaines s'effondrent. Les temps sont venus.

Tais-toi et écoute :…

---
* Victor Hugo.

PREMIÈRE PARTIE

(Chimie — Astronomie)

L'AME DES PIERRES

(La thèse : Mouvement)

Agni, le feu sacré. — La Lumière et l'Ombre. — L'activité est un effet de relativité. — Thèse, antithèse et synthèse. — La Vibration et sa valeur dynamique. — Les sept étapes de la Création. — Esprit et matière. — Les trois principes et les quatre éléments. — Les formes solide, pâteuse, liquide et gazeuse. — La gamme du froid au chaud. — La Compression Universelle. — Les relations densitaires. — Attraction et répulsion. — Le volume par la chaleur. — La pesanteur par le froid. — Identité de l'infiniment grand et de l'infiniment petit. — Les contacts permanents engendrent les mouvements réguliers. — Les engrenages célestes. — La révolution selon le poids. — La rotation selon le volume. — L'équilibre cosmique est éternel. — L'incessante activité des sphères. — Le creuset central. — Le chaud absolu et le néant intérieur. — Le froid absolu et le néant extérieur. — La matière transmutée et la matière transformée. — La forme poudreuse — Le rôle des volcans dans la nature. — Les avatars des astres. — Où vont les débris des comètes. — La matière emprisonnée et le cycle éternel. — Le feu, âme du règne minéral. — L'univers infini et l'univers indéfinissable. — L'union du souffle et du chaos. — Les transformations de la lumière. — L'esprit fécondant et la matière fécondée. — Puissances physiques contre puissances chimiques. — La dilatation ou thèse : Force.

Préambule

... et la lumière fut.

C'est ainsi que la Bible, dans son symbolisme, nous explique la création du monde. Et ce fut la simple apparition de la lumière, qui commença, dans l'immensité, ce qu'on appelle « le Temps. »

Cependant, l'Eternité, *qui n'était rien*, ne peut se concevoir dans nos âmes périssables, car cette Eternité, le « Néant, » avant que la lumière soit, ne pouvait avoir ni commencement, ni fin. Le temps ne pouvait donc pas l'interrompre. C'est ainsi que la lumière fut toujours...

Mais pour que le temps, qui est la vie, puisse être lui-même, il lui fallait commencer cette décomposition infinie de lui-même, qui fait l'action éternelle. Et la clarté en s'affirmant suscita son immédiate antithèse: l'ombre. Et ce fut le jeu de la lumière dans les ténèbres qui fit le Temps.

Ce fut l'action incessante de l'esprit subtil sur la matière inerte, qui fit la vie...

L'Univers est un. Il n'y a dans l'univers qu'une chose unique, la matière. Mais cette matière est dans une évolution continuelle. Elle est d'abord thèse, elle s'oppose, par une échelle de relativité, une antithèse, et c'est le jeu de la thèse sur l'antithèse qui provoque la synthèse éternelle qui est la vie.

A son point de départ la matière est une vibration, tellement restreinte, tellement compacte, qu'elle se différencie à peine du néant, dont elle sort. Mais ce point, tellement faible, qu'il s'identifie presque avec le néant, tient en lui tout le poids de l'Univers.

Toute lumière est une vibration, toute vibration est matière. A son état le plus bas, que nous connaissons, la matière s'offre à notre entendement sous forme de métal. Le métal est déjà par lui-même une chaleur, donc une lumière. Mais à notre sens, il n'y a ni chaleur, ni lumière, dans les formes les plus basses de la matière, parce que la lumière et la chaleur ne se révèlent à nous qu'en la forme supérieure ou ignée. En dessous du feu, il n'y a pour nous qu'obscurité et froid. Cependant la matière, sous toutes ses formes, n'est qu'une immense gamme ne comportant aucune solution de continuité.

Elle est d'abord à sa vibration la moins étendue, *solide* et *opaque* à nos yeux, c'est le métal, forme la plus contractée, donc la plus pesante ; elle est ensuite *pâteuse* et *translucide*, c'est la silice ; elle est ensuite *liquide* et *tranparente*, c'est l'eau ; elle est ensuite *gazeuse* et *invisible*, c'est l'air ; elle est enfin *ignée* et *lumineuse*, c'est le feu solaire.

Nous disons opaque ou invisible *à nos yeux* parce qu'en fait, il n'y a point d'apparence dans la nature. Tous les corps sont invisibles. Mais à nos yeux, pour nous, matière vivante, nos sensations nous font apparaître la matière sous un aspect différent, selon le degré de son étendue.

Là où la vibration est la plus compacte, c'est donc du métal qui s'obtient. S'il était possible de décomposer le métal, il se dédoublerait en deux corps pâteux, analogues à de la silice. S'il était possible de décomposer la silice, elle se dédoublerait en deux corps liquides, analogues à l'eau.

L'eau se décompose en deux gaz analogues à l'azote. Et s'il était possible de décomposer l'azote à son tour, on se trouverait en présence de deux corps d'une légéreté incroyable en même temps que d'une aveuglante luminosité.

En refaisant le chemin en sens inverse et en se contractant plus bas que le métal, la vibration diminue d'intensité sous des apparences qui nous sont inconnues, jusqu'à ce que le néant se rencontre.

C'est-à-dire que le froid le plus extrême étant atteint à la densité la plus formidable, le volume réduit à l'ultime limite, la vibration à rebours, (synonyme ici de contraction), s'éteint et disparait. La vie à sa création disparait donc avec elle, car la vibration seule est la vie puisqu'elle est la matière elle-même et que le reste est néant.

Mais tout ceci n'est que du jeu de l'intelligence. Pour descendre jusqu'à la disparition de la vibration, c'est-à-dire jusqu'au non-être, il faudrait aller jusqu'à la fin de l'infini qui n'a pas de fin.

Car le néant éternel ne peut se concevoir comme ayant eu une fin et par conséquent la vie a toujours existé. Le monde n'ayant jamais commencé, on ne saurait dire qu'à l'origine, la vibration était faible et simple et qu'elle fut devenue, par la suite, multiple et composée. Il y a eu de tout temps, et à la fois, des vibrations passant continuellement de l'extrêmement faible à l'extrêmement fort et il y aura toujours des vibrations passant de l'extrême simplicité à l'extrême complication.

Lorsque la matière, se dilatant sans cesse en passant par tous ses états ascendants, arrive à la forme ignée, elle se différencie tellement du point de départ, qu'elle devient supérieure et agit, dès lors, sur les formes inférieures. Elle est antithèse, elle devient active, et sa radiation, sa chaleur s'oppose à la passivité de l'état initial. Non pas que la matière ne soit passive à aucun moment, car en se dilatant sans cesse, elle est toujours en évolution mais, quand elle parvient à la forme ignée, elle est d'une activité tellement forte, que le reste, ne pouvant suivre du même pas, est forcément passif, en regard du feu.

Il existe donc, d'une part, la matière inférieure, sous ses quatre formes : solide, pâteuse, liquide et gazeuse et ; d'autre part, la matière supérieure sous sa forme ignée. Nous ferons à ce moment une démarcation bien nette entre la matière inférieure et la matière supérieure. Nous conserverons le nom *matière*, à la matière inférieure, parce que son peu de développement la fait demeurer au rôle inerte de *substance*. Nous appellerons *esprit* la matière supérieure, parce que son immense raréfaction l'oblige à imprégner toute matière, point subtile comme elle et pour laquelle elle devient l'*essence* cachée qui la fait tressaillir.

Les quatre éléments qui forment la matière : métal, silice, eau et air ne sont que les ingrédients dont est fait notre univers, « le décor où se joue la pièce ». Ce qui anime l'univers ce sont les trois principes qui composent l'esprit, et qui sont l'âme des mondes : le feu, qui est l'âme du mouvement, le pouvoir dynamique, (énergie brutale); l'électricité, émanation antithétique de la chaleur, le pouvoir de transmission, (sensibilité délicate); l'intelligence, enfin, le pouvoir de perception, qui est le produit synthétique des deux précédents.

(FIN DU PRÉAMBULE.)

♧ ♧

La vie est une décomposition et une recomposition continuelles. Le chaud qui brûle en dilatant est l'expression de la décomposition de la matière, tandis que le froid qui glace en contractant est l'expression de la recomposition de la matière. Le froid est une absence de chaleur, et réciproquement. Tout ce qui vit doit être l'un ou l'autre. Il n'y a pas de moment terme, de compromis entre l'un et l'autre, pas plus que la vingt-quatrième heure ne peut exister à aucun moment, car elle est finie quand elle commence. Une matière à cheval entre le chaud et le froid serait immuable. Mais l'échelle du chaud au froid, comme la gamme des sons ou des couleurs, est une chose unique et infinie et l'expression « entre chaud et froid » dans un sens absolu est impossible.

La matière est donc condamnée à un éternel changement vers la décomposition, selon qu'elle incline vers le chaud, l'infiniment grand : « dilatation » ; vers la recomposition, selon qu'elle incline vers le froid, l'infiniment petit : « contraction ». La vie d'une matière est d'autant plus longue qu'elle va davantage vers le froid. Mais, dans cet équilibre implacable de l'univers, la force de cette matière est d'autant plus grande qu'elle va davantage vers le chaud. C'est dire que la vie des choses et des êtres est une décomposition plus ou moins rapide, la force n'étant plus qu'une échelle de rapidité dans la décomposition.

♧

Il n'y a qu'une loi dans l'univers, qui est la loi de la vie : la matière est invinciblement attirée vers une plus grande dilatation et c'est cette loi qui donne toutes les autres. C'est pourquoi cette loi est placée tout au commencement et c'est elle qui régit l'évolution des astres.

La matière, à sa naissance dans l'espace, c'est-à-dire sous sa forme la plus contractée : le métal, se met immédiatement en travail de transformation. Pour ce faire elle se précipite sur elle-même et cela donne au noyau initial, la forme sphérique, qui est celle de l'activité, de l'évolution éternelle. Un nouvel astre est ainsi créé, formé de métal pur.

Mais la matière sphérique, lancée ainsi dans l'espace, ne se précipite pas sur elle même, par un simple phénomène intérieur inhérent à sa nature. Elle le fait, parce qu'elle se trouve immédiatement en opposition avec toute la matière environnante, avec tous les autres astres qui gravitent dans l'infini. Ces astres déterminent à tout moment une pression effroyable sur la nouvelle sphère qui se tasse invinciblement et se trouve écrasée sur son centre. Il se produit, de ce fait, à ce centre, dans un échauffement intense, comme un creuset ardent qui exerce une attraction continuelle sur la matière solide, l'aspire, la dilate et la transforme d'abord en pâte, puis en liquide, puis en gaz, puis en feu.

Mais ce travail de transformation est forcément lent, car la croûte de métal est maintenue irrésistiblement par le poids de la matière environnante, représentée par les autres astres.

Pour comprendre comment cette pression s'exerce il est nécessaire de se rendre compte que *tous les astres de l'univers se touchent*. Il n'existe point d'espace vide entre les sphères célestes. Il est vrai qu'à nos yeux, un espace variable semble exister entre la lune et la terre, la terre et le soleil, le soleil et les étoiles, et les étoiles entre elles. Mais cet espace n'est qu'une *figure mathématique*, « une zone d'influence », une force exprimée, mais invisible, faisant partie intégrante de l'astre, et que nous appellerons « relation densitaire ». Il ne peut y avoir de néant, d'espace, placé au milieu de la vie, car le néant, le vide absolu, ne peut exister sans cesser d'être lui-même.

S'il n'existait dans l'univers qu'un seul astre, il occuperait tout l'univers. Tout ce vide supposé que nous appelons l'espace n'existerait pas. L'astre toucherait de toute part au néant, ce qui est, du reste, une figure impossible. Supposons que cet astre se dédouble, il se créerait immédiatement un espace entre les deux corps. C'est ce que nous appelons distance. Mais cet espace ne serait qu'une « relation densitaire », une expression de force relative, inséparable des astres eux-mêmes.

⁂

La relation densitaire est déterminée par une loi précise et mathématique : *Les corps sphériques se repoussent proportionellement à leur volume. Ils s'attirent proportionnellement à leur poids.*

C'est la *contraction* qui détermine le *poids* et c'est de cette qualité que se dégage la force d'*attraction*. C'est par contre la *dilatation* qui détermine le *volume* et c'est de cette qualité que se dégage la force de *répulsion*. C'est dès l'apparition de la première chaleur dans une sphère que se révèle sa force de répulsion. Lorsque la matière perd sa force de répulsion, elle est immédiatement contractée par le froid jusqu'à l'infini. La chaleur est donc une répulsion par le volume, comme le froid est une attraction par le poids.

Tout ce qui se dilate à la surface des sphères au-dessus du degré d'équilibre établi par la densité de cette sphère, monte, poussé par le volume. Tout ce qui se contracte en dessous de ce degré spécifique, descend, tiré par le poids.

Plus une matière est lourde, contractée par conséquent, plus elle s'approche du centre de la Terre. Son poids, force comprimée, la fait passer comme un boulet au milieu de la matière plus légère. Et plus une matière est légère, plus elle s'éloigne du centre de la Terre sans pouvoir être retenue par la matière pesante.

La matière s'approchera ou s'éloignera, dans les deux cas du centre de la Terre, d'autant plus vite que sa différence de poids et de volume est grande en regard du milieu traversé. La même loi se continue dans le ciel.

Les astres s'approchent ou s'éloignent les uns des autres en obéissant à leurs poids et volumes relatifs. Ils ne se fixent que là où leurs forces s'équivalent, c'est-à-dire au point où les forces contraires qui se rencontrent, *en sont au même degré de puissance*.

Pour illustrer notre théorie, si nous placions dans un récipient qui représenterait l'univers, des boules de matière solide, qui représenteraient les astres, nous trouverions, si ces boules étaient d'un même volume, que leurs centres se trouvent séparés les uns des autres par une distance identique. Si, par un précédé quelconque, nous diminuions le volume de ces boules en les contractant d'une manière égale, nous trouverions que le poids étant resté le même malgré la diminution de volume, les centres des boules sont rapprochés les uns des autres, cédant à une *attraction* mutuelle, consécutive à une plus forte densité.

Si, par contre, nous augmentions le volume de ces boules, en les dilatant d'une manière égale, nous trouverions que les centres des boules se sont éloignés les uns des autres, cédant à une *répulsion* mutuelle, consécutive à un plus fort volume.

☙

Nous nous rendons ainsi compte que l'Univers n'est pas un champ clos où se promènent des astres, car l'espace n'est qu'une relation mathématique, l'ensemble de toutes les distances entre tous les astres.

C'est cette même loi de répulsion, qui fait que les rencontres entres les astres sont impossibles. Et c'est elle aussi qui fait que les étoiles se trouvent, dans le cosmos, si éloignées les unes des autres, au milieu d'une cour de planètes et de satellites de moindre importance.

En effet, puisque l'espace n'est que la relation densitaire des astres entre-eux, il va de soi que la relation densitaire d'une étoile est d'autant plus vaste, porte d'autant plus, que cette étoile occupe plus de place et émet plus de force par sa dilatation. Les étoiles se touchent donc toutes, sans tenir compte des planètes de leurs systèmes, «noyées» dans la zone de leurs relations densitaires.

En conséquence, les astres sont placés dans l'univers, sans que le hasard entrât en jeu, en équilibre au point exact où la force d'attraction de leur masse est équivalente à la force de répulsion de leur volume.

Les astres qui sont sous la dépendance des planètes : les satellites, sont, avec elles, en contact bien plus étroit. Ce contact plus intime se vérifie sur notre Terre par les marées, qui sont provoquées par le roulement régulier de la lune autour de sa planète.

♧

La relation densitaire d'un astre s'étend aussi loin que sa radiation calorique. Par cette radiation toutes les sphères se touchent. Cette radiation est simplement la force d'extension de la matière, la portée extrême de son influence extérieure.

La lumière forte des soleils, qui devient chaleur, puis force, est l'indice que la matière *touche, puisqu'elle chauffe.*

En effet, nous savons que tout contact entre deux corps crée une chaleur, ou répulsion, d'autant plus forte que ce contact est accentué. Lorsque le contact est trop violent, c'est de la flamme qui se produit.

Le contact du soleil sur la Terre existe donc partout où se révèle sa chaleur. Il est en conséquence très accentué à l'équateur, nul aux pôles. Ces deux seuls points : les pôles, où n'existe jamais aucun contact, constituent, de ce fait, comme un axe fixe au centre d'une boule mouvante.

De plus, ce contact, très accentué à l'équateur et diminuant de force à mesure qu'il se rapproche des pôles, crée, par son action continue, comme une poussée permanente sur notre globe, qui se met en mouvement à peu près de la même façon qu'un bac poussé par le courant d'une rivière. *La corde immobile du bac correspond à l'axe immobile de la Terre.*

Les astres sont donc en contact d'une manière mathématique par la chaleur, cette chaleur étant elle-même exactement déterminée par la quantité de force dont elle émane, et représentant une nouvelle force en réserve, à l'état de concentration.

Toute force doit se changer en chaleur, toute chaleur se transforme en force. Ceci est un axiome sur lequel nous aurons maintes fois l'occasion de revenir.

Lorsque tout le poids de l'univers écrase la masse sphérique d'un astre, cette compression représente une force, et nous avons vu que cette force se change en chaleur qui se manifeste au centre de la sphère.

La chaleur du feu central se change en force à son tour, puisque nous savons qu'elle provoque une dilatation de la sphère, qui, du fait de son plus grand volume, peut repousser plus loin le poids de l'univers.

A son tour cette force de répulsion, se change en chaleur,

Cette chaleur c'est la radiation calorique et lumineuse d'un astre. Nous pouvons donc établir que la contre-pression d'un astre sur son univers, existe partout où pénètre sa radiation calorique, qui n'est que la manifestation en chaleur de la force qu'il déploie pour résister à la pression de toutes les masses qui l'environnent.

Le feu central est donc l'origine de la force que déploie un astre pour résister aux masses qui l'entourent.

L'action calorique extérieure de cet astre, par contre, est le produit de la force déployée par les masses environnantes, contre la sphère qui se dilate. C'est cette force, qui sépare, quoique invisible, les astres entre eux, que nous appelons relation densitaire après que les poètes l'eussent appelée « *éther* ».

En conséquence, un astre sera d'autant plus lumineux et chaud qu'il atteint de volume. La pression exercée contre lui et par conséquent la radiation émise, est immense dans un soleil, modérée dans une planète, insignifiante dans un satellite.

Chaque astre, à toutes les phases de son évolution, voit augmenter sa force, (mais non sa masse), conjointement à son volume. Ce volume peut être considéré à tout moment comme l'accumulation de la force déployée contre lui par l'univers au cours des millions d'années qu'il a vécues, accumulation qui se poursuit tant que l'astre n'est pas détruit.

Les masses sphériques s'attirent donc proportionnellement à leurs poids, réglé par leur contraction. Elles se repoussent proportionnellement à leur volume, réglé par leur dilatation.

L'attraction, qui est une contraction, est une marche de la matière jusqu'au néant par l'infiniment petit. La répulsion, qui est une dilatation, est une marche de la matière jusqu'au néant par l'infiniment grand. Entre deux astres, c'est le jeu des deux forces opposées qui fixe la distance. Il n'existe pas de force dite de projection.

Quand, en décrivant la loi d'attraction seule, on fait entrer le carré de la distance en ligne de compte, on ne se rend compte que de l'effet et non de la cause, et quoique en physique rien ne soit laissé au hasard, on ne peut expliquer la raison qui fait que les sphères se trouvent placées inégalement les unes à côté des autres.

L'espace n'est qu'une figure mathématique, et n'existe pas; La distance d'une sphère à une autre n'est que l'effet d'une relation densitaire entre les deux.

Si, au lieu de deux lois opposées, attraction intérieure et répulsion extérieure, l'univers n'était régi que par une seule loi, celle de répulsion, le monde tel qu'il est resterait éternellement immobile, et la matière n'évoluerait plus. Les astres garderaient leur position à jamais. Si, par contre, la loi d'attraction restait seule en jeu, les plus gros astres absorberaient les plus petits, jusqu'à ce que l'univers ne forme plus qu'un seul astre. Mais cela est encore, bien entendu, une figure impossible car une loi en entraîne l'autre. Et c'est précisément la lutte entre les deux lois qui fait la vie. Il faudrait supposer que la matière cessât sa transformation éternelle.

Dans la nature il n'existe rien d'uniforme. Dans l'univers, dans l'infiniment grand, les volumes et les densités varient avec chaque astre, car un astre présente des caractéristiques de poids, de volume et d'évolution, toujours différentes. Dans une partie de matière quelle qu'elle soit, nous pourrions constater, en fouillant l'infiniment petit à l'aide d'un puissant microscope, que les lois qui régissent le monde, sont partout les mêmes. Nous trouverions que toute matière est composée de milliards de molécules, de forme sphérique et qui semblent ne pas se toucher,

Ces molécules paraissent être d'une grandeur uniforme, mais, comme les astres dans l'univers, leur volume et leur poids varient à l'infini. Elles semblent ne pas se toucher, mais elles se touchent par leur relation densitaire, cette relation devant être considérée comme la terminaison de l'influence de la molécule, la molécule elle-même étant une vibration compacte dans la sphère visible, allant en s'élargissant, en s'éloignant du centre et devenant invisible dans la zone de la relation densitaire.

Ces molécules semblent immobiles, mais elles sont animées, tout comme les sphères de l'univers, d'un mouvement circulaire très lent, d'abord sur elles-mêmes : rotation ; ensuite des plus petites autour des plus grosses : révolution.

♣

Nous savons maintenant que la relation d'un astre à l'astre voisin, par le jeu réciproque du poids et du volume, établit quelque chose de nouveau qui n'existe que du fait de la pluralité des astres et que nous appelons espace, ou mieux *distance*.

Un astre dilaté à l'extrême, c'est-à-dire un soleil, dégage une puissance calorique proportionnée à la dilatation de sa masse. Cette puissance exerce une influence souveraine sur tous les astres voisins dont la dilatation et surtout la masse sont inférieures à ce soleil. La masse irrésistible du soleil les attire, son volume écrasant les retient.

A vrai dire, ce n'est pas la masse d'un astre qui attire les masses moindres. C'est le poids de la masse moindre, mais lourde, qui la fait se précipiter dans la masse immense, mais légère, fait qui se passe aussi bien à la surface des astres que dans l'univers.

C'est le propre poids des planètes qui les fait tomber sur leur soleil, comme c'est le volume, la force émanée de la dilatation du soleil qui les retient. L'attraction du soleil pourrait mieux s'appeler : *l'impulsion* de la matière dense *vers* la matière raréfiée, venant se heurter à *la répulsion* de la matière active *contre* la matière inerte.

La forme sphérique de la matière lui fait donc dégager une double force : la force issue de la contraction qui fait le poids et qui s'exerce du plus dense au moins dense, (force passive ou inertie, attribut de la matière) ; la force issue de la dilatation qui fait le volume, et qui s'exerce du plus développé au moins développé, (force active ou énergie, attribut de l'esprit). La matière n'est immobile que lorsque les deux forces s'équivalent. *Le mouvement n'est jamais qu'une différence d'équilibre entre deux forces contraires.*

Cependant, et là encore, la force d'inertie n'existe que comme *effet de relativité*. Elle n'est forte que parce qu'elle s'oppose à une matière plus raréfiée. Elle est immuable par elle-même, mais elle devient d'autant plus lourde qu'elle se trouve située dans un milieu plus léger.

Un astre est nécessairement d'autant plus léger qu'il est lumineux et chaud. La force d'inertie fera précipiter sur lui toute matière dense, d'autant plus vite que la différence de densité entre les deux sera grande.

C'est la matière lumineuse, l'esprit, *considérée comme essence*, qui est le seul ordonnateur de l'activité sur la matière obscure *considérée comme substance*. Et nous en revenons à dire qu'une molécule en attirera une autre plus lourde qu'elle *en raison croissante de sa propre légèreté*.

Les petits astres sont donc prisonniers des gros qui les retiennent. Ils forment un système de planètes dont le soleil est le centre. Attirés comme ils le sont d'une part, repoussés de l'autre, sous l'influence de ces deux forces contraires, ils décrivent, sur la ligne de démarcation indéréglable que trace la relation densitaire, des ellipses autour du soleil. C'est ce que nous appelons la révolution des planètes.

Mais, en décrivant des ellipses autour de leur soleil, (d'une vitesse toujours égale tant que les forces en présence demeurent les mêmes), il se produit, à l'équateur des relations densitaires des planètes, un frottement, un roulement continuel, tout comme il s'en produit dans des « roulements à billes ». Et l'astre se met à tourner sur lui-même. C'est ce que nous appelons la rotation des planètes.

❧

Ce « roulement de billes », toutefois, ne se produit pour la Terre que du côté du Soleil, pour la Lune que du côté de la Terre.

On conçoit, en effet, que la Terre n'ait aucune prise sur l'univers, puisque c'est le Soleil lui-même qui résiste, par sa force invisible, (sa relation densitaire,) à la compression universelle. Cette force dépasse de beaucoup, en extension, la faible force de la Terre, et la compression des mondes voisins est retenue par le Soleil, bien avant qu'elle puisse parvenir à la Terre.

Mais la Terre, collée par son poids au Soleil, a, en retour, à résister à la pression du Soleil qui force sur elle. Son contact avec le Soleil est donc *actif*, alors que son contact avec l'univers est *neutre*. Pour mieux comprendre on n'a qu'à s'imaginer que le Soleil et la Terre sont des *roues dentées* qui s'engrènent exactement parce qu'elles se touchent, tandis que l'engrenage « Terre » est trop éloigné de l'engrenage « univers » pour qu'il y ait prise.

Même lorsque la Lune s'interpose entre le Soleil et la Terre il n'y a pas, non plus, de prise véritable entre le Soleil et la Lune. Le Soleil par sa relation densitaire, supporte le poids de la Terre en deçà de la Lune qui n'a de ce fait de contact qu'avec la Terre, et cela du côté opposé.

La lumière qui nous vient des étoiles ne peut, par cette

théorie, être productive d'une quantité de chaleur appréciable. Elle ne représente aucune force directe, malgré que les soleils qui nous l'envoient puissent être des milliers de fois plus grands que le nôtre. Leur force à eux ne s'exprime que sur notre Soleil.

La Lune ne peut, de son côté, puiser de chaleur et de force que du côté de la Terre. *La lumière du soleil n'est pour elle qu'une terne clarté presque sans chaleur, donc sans force.* La matière blanche non oxydée, dont est composée la Lune, nous la renvoie la nuit presque entière. C'est cette clarté que nous appelons « clair de lune ».

Les grandes planètes, Neptune, Uranus et d'autres planètes inconnues plus éloignées encore, doivent être lumineuses par elles-mêmes. Mais elles ne peuvent, pas davantage, nous envoyer une lumière engendrant pour nous de la chaleur, comme celle du soleil, *parce qu'elles ne nous touchent pas, et que, partant, elles n'exercent aucune force sur nous. Il n'y a de chaleur*, c'est-à-dire de force, *que là où existe un contact* de forces, la chaleur engendrée étant d'autant plus forte que le contact est accentué.

✿

L'évolution d'un soleil est subordonnée à la puissance de la pression que lui fait subir la matière ambiante, qui est l'univers. La compression universelle, d'autre part, est d'autant plus forte pour un astre qu'il est plus dilaté, puisque cet astre se fait une plus grande place dans l'univers.

La compression supportée par un satellite est par suite relativement faible, moins faible pour une planète, plus forte pour un soleil.

La transmutation de la matière qui s'opère au centre d'un soleil est donc réglementée par la compression venant de l'extérieur. Les planètes, de leur côté, subissent cette compression par-contre-coup, car c'est le soleil à son tour qui presse sur elles et qui réglemente la rapidité de la transmutation dans leurs centres.

On voit, de ce fait, l'intimité absolue qui relie le soleil à ses planètes. C'est le soleil qui, ne relevant lui-même que de l'univers, règle l'évolution de la matière au centre de ses planètes, en activant plus ou moins, selon sa propre activité, le travail de transmutation qui détermine la durée de ses planètes.

Etant donnée l'exiguïté du creuset central des astres par rapport à leurs masses, on ne s'étonne plus d'avoir à compter leur vie par millions d'années.

☙

Une planète tourne d'autant plus vite autour d'un soleil qu'elle en est plus rapprochée, d'autant plus lentement qu'elle en est plus loin. En effet, la planète éloignée subit d'une façon bien moindre l'influence de la masse attractive du soleil, c'est-à-dire que sa chûte sur lui est moins rapide. Mais la vitesse de rotation de la planète éloignée, qui a un chemin immense à parcourir, devient énorme, comparée à celle des petits astres que leur peu de volume rapproche du soleil. Car les sphères, étant en contact, le frottement détermine une vitesse rotatoire d'autant plus grande que la planète est plus éloignée du soleil, considéré comme moyen.

Et comme, d'autre part, c'est en proportion de son volume qu'un astre s'éloigne d'un autre, ce volume se trouve être, mathématiquement, le régulateur de la vitesse de rotation.

La vitesse de la révolution des planètes est surtout basée sur la force dégagée du soleil dont elles dépendent. La vitesse de la révolution des satellites est, par ailleurs, basée sur la force dégagée de la planète dont ils dépendent. En conséquence, la puissance d'une planète ne pouvant se comparer à celle d'un soleil, le satellite est doué d'une force de révolution bien inférieure.

Mais le soleil lui-même, s'il est doué d'un mouvement rotatoire, est sous la dépendance d'une autre étoile d'une masse forcément bien supérieure à la sienne, le soleil ne figurant plus, en regard de cette étoile, que pour une planète entourée de satellites.

La révolution du soleil autour de son étoile inconnue doit, nécessairement être immense, comparée à celle de ses satellites autour de lui. Et la rotation étant toujours basée sur la révolution, la rotation du soleil détermine, en sens inverse, la rotation de ses planètes, lesquelles déterminent, à leur tour, toujours en sens inverse, la rotation de leurs satellites. Comme conséquence, la rotation de cet astre immense qui est le soleil vient indirectement régler celle de cet astre minuscule qui est la lune.

En résumé, c'est la densité de l'astre supérieur, (soleil), qui règle la révolution de l'astre inférieur (planète). La vitesse de la révolution de la planète sera d'autant plus grande que la différence de densité entre les deux sera plus sensible. C'est donc la *force d'attraction*, (poids), qui détermine la rapidité de la *révolution*.

C'est la *force de répulsion*, (volume), qui détermine la rapidité de la *rotation*..

☙

Les vitesses de révolution et de rotation ne sont, en conséquence, que l'expression de la différence de masse et de volume d'un astre à l'autre, et sont aussi mathématiquement établies que la distance elle même.

Deux soleils qui seraient d'une masse et d'un volume identiques, après avoir déterminé entre eux une distance immense, n'auraient aucune prise l'un sur l'autre, ni attraction ni répulsion parce que les deux efforts identiques *s'annihileraient en s'équivalant*.

Supposons que l'un des deux soleils vint à diminuer subitement de poids. Si cette diminution était peu accentuée, le petit soleil serait entraîné, c'est-à-dire tomberait à une vitesse atténuée, sur l'autre, et comme cette attraction serait continuelle, retenu d'autre part, par la force de répulsion, il tournerait, continuellement mais très lentement, autour de lui. Et cette révolution déterminerait mathématiquement une rotation du petit soleil puisqu'il roulerait sur le gros.

On conçoit, en prolongeant cette théorie, que plus la différence de masse et de volume s'accentue, plus le nombre de tours de révolution et de rotation du petit astre augmente.

La vitesse de révolution et de rotation est donc nulle entre deux soleils de poids et de volume identiques. Elle grandit conjointement à la différence relative.

Il ne faudrait pas s'imaginer, d'autre part, que les astres roulent les uns sur les autres, sur une prise comparable à celle d'un engrenage. Il y a une perte de vitesse obligée, selon une échelle mathématiquement établie, une résistance au gros astre, venant de l'astre plus petit. Cette résistance, c'est la force d'inertie, toujours plus grande à mesure que l'on se rapproche du néant par la contraction.

La masse plus petite, mais plus lourde, plus compacte, a tendance à laisser glisser la masse adverse, plus étendue mais plus légère, plus dilatée, et freine, pour ainsi dire, sur sa vitesse de rotation, en proportion de son propre poids.

Un satellite métallique sera donc toujours, à sa création, d'une vitesse de rotation réduite.

En décrivant cette théorie d'une façon plus proche, nous pouvons dire que les planètes sont douées de force en proportion de la quantité de lumière qu'elles reçoivent de leur soleil.

Les planètes tournent d'autant plus vite autour de leur soleil qu'elles en sont plus près. Poursuivant l'application de cette loi immuable, l'astre tourne le plus rapidement sur lui-même là où il est le plus éclairé, parce que c'est là, que se réalise le contact le plus intime avec le soleil, ainsi c'est à l'équateur que notre Terre tourne le plus vite sur elle-même, parce que c'est là que la Terre reçoit *perpendiculairement* les rayons du soleil. C'est aux pôles qu'elle tourne le moins vite parce que les rayons solaires y sont reçus, comme sur toutes les sphères, *obliquement*, c'est-à-dire qu'une même surface de terre, présentée en biais, ne reçoit qu'une quantité diminuée de rayons et même, à un point infime, point du tout à aucune époque. C'est la nuit éternelle. C'est cette distribution espacée des rayons solaires qui fait la graduation des climats.

Dans le code de la nature, rien n'est laissé au hasard. La Terre est au point où elle doit être ; elle tourne à la vitesse qui doit être. Et elle s'est mise à tourner et s'est « fabriqué » son axe, en accord avec les rayons qui l'ont frappée, lorsqu'elle s'est placée sous la domination du soleil.

♣

Le soleil et la lune, vus de la Terre, se présentent tous deux sous une apparence identique. C'est-à-dire que le diamètre du disque lunaire nous parait être aussi grand que celui du disque solaire. Cette surface, uniforme en apparence, nous est pleinement confirmée par les éclipses de soleil, lorsque le disque lunaire arrive à recouvrir exactement le disque solaire.

Ce n'est pas par un pur hasard que se produit cette concordance. Nous savons, en effet, que le volume de la Terre repousse la lune et que son poids l'attire. De l'autre côté, le volume de la lune l'éloigne également de la Terre, et son poids l'attire vers elle. Si la lune augmentait de grosseur, elle s'éloignerait de la Terre, repoussée par son plus grand volume. La lune, plus grosse, mais plus éloignée, nous apparaîtrait, par l'effet de la perspective, sous une surface toujours pareille. Il en serait de même pour le soleil qui s'éloignerait, s'il augmentait de volume, qui se rapprocherait si son volume diminuait.

Mais si la Terre elle-même diminuait de volume, le soleil et la lune se rapprochant d'elle, les disques solaire et lunaire nous apparaîtraient plus gros dans le ciel. Si la Terre augmentait de volume, le soleil et la lune s'éloignant d'elle, ceux-ci nous apparaîtraient plus petits, mais ils nous sembleraient ensemble, toujours d'égale dimension.

Si la Terre, en étendant ces exemples, avait plusieurs satellites au lieu d'un, et que chacun de ces satellites fut d'un volume différent, ils nous apparaîtraient cependant, sous une égale surface. Les plus petits, en effet, seraient plus près de la Terre, les plus gros en seraient plus loin. La perspective nous présenterait tous ces satellites sous l'aspect de disques d'une même surface que celle de notre lune et de notre soleil.

On voit donc que c'est le volume de la Terre elle-même qui règle, et toujours sous un même angle, l'apparence perspective des disques solaires et lunaires, celle de l'astre dont elle dépend et celle des astres qui dépendent d'elle.

♣

La relation d'une sphère à une autre doit toujours rester identique, quant à la chaleur, la lumière et la force.

C'est que la lumière d'une sphère incandescente ne se propage pas en colonne mais *par irradiation*. Une surface déterminée de la périphérie lumineuse d'un soleil qui porterait intégralement sur une autre sphère proche, ne pourrait plus le faire si la sphère s'éloignait sans augmenter de volume. En effet cette lumière se déploierait de toute part dans l'infini et la surface de lumière au départ diminuerait avec la distance. La lumière ne perd donc pas de sa force en s'éloignant, elle reste toujours la même, mais se dissémine sur un espace toujours plus grand, à mesure qu'elle s'éloigne du point de départ.

D'autre part, les astres ne s'éloignant les uns des autres que du fait de leur plus grand volume, la quantité de lumière reçue est toujours la même.

Une sphère a d'autant plus d'influence dans l'univers qu'elle est plus dilatée. La conséquence de son volume fait qu'elle communique davantage aux astres voisins de sa chaleur-force, parce qu'elle repousse plus loin le poids de l'univers.

Un astre par contre, s'approchera et subira d'autant plus l'influence d'un autre, qu'il sera plus contracté, parce qu'il s'alourdit en regard de l'autre.

L'influence d'un soleil est infinie, et ne s'arrête nécessairement pas à la planète. Elle pourrait continuer plus loin si la planète en augmentant de volume s'éloignait. Mais nous savons que la lumière solaire, brusquement interceptée par le corps d'une planète, se change en *chaleur* sur cette planète, déterminant ainsi la *force* qui crée la *vie* à sa surface.

La théorie que nous venons d'exposer quand au volume, se vérifie à l'inverse dans le domaine du poids.

La compression que des sphères multiples exercent sur une sphère seule, a lieu tout d'abord sur la limite où son influence s'oppose à celles de ses voisines. Mais on conçoit que cette compression, *qui existe partout dans la sphère,* augmente de force à mesure qu'elle se rapproche du centre, (malgré qu'elle demeure uniforme à tout moment) puisque, en ce faisant, elle s'exerce, comme le foyer d'une lentille, sur un volume décroissant qui ressent d'autant plus cette force qu'elle est répartie sur une moindre surface.

La compression, ou poids, supportée par la sphère, est nécessairement de plus en plus grande à mesure qu'elle se rapproche du centre de la sphère, jusqu'au moment où cette compression, très atténuée à la surface la plus développée, devient énorme au point le plus restreint et détermine un échauffement intense qui n'est autre que le feu central.

La compression uniforme, qui existe dans tout l'univers, nous est prouvée par la forme sphérique qui est celle de tous les corps astraux.

C'est ainsi que dans l'eau, ou tout autre matière où existe une pression uniforme, une quantité quelconque d'air qui s'y précipite se révèle instantanément par de multiples sphères de différents volumes.

L'activité chimique des sphères dans l'univers, du fait de cette compression constante, ne peut connaître d'arrêt. Il ne saurait, en conséquence, exister de corps sphériques morts et abandonnés à l'espace.

La sphéricité est une preuve de résistance à la masse ambiante et le résultat inévitable de cette résistance est un échauffement au centre, impliquant une activité incessante. Si, d'ailleurs, l'univers devait contenir des astres qui, « ayant dépensé toute leur énergie », ne seraient plus que « de mornes cimetières roulant dans l'infini », l'univers, existant de toute éternité, ne devrait être formé que d'astres morts, car l'éternité implique obligatoirement l'usure totale de tout corps actif, c'est-à-dire ayant vécu dans le temps.

Comme conséquence de cette loi de décroissance, la quantité de chaleur reçue par les planètes doit demeurer toujours la même, de par le même principe qui régit les perspectives.

Si notre soleil disparaissait tout à coup de notre système, la plus développée de ses planètes, gagnerait instantanément la commande des autres planètes. La Terre se rapprocherait donc de cet astre, et se mettrait sous sa domination, le soleil n'étant plus là pour la retenir. Mais la quantité de lumière reçue par la Terre de son nouveau soleil resterait la même, parce que si le nouveau soleil est considérablement *plus petit* que l'ancien, la Terre serait aussi considérablement *plus près* du nouveau.

La chaleur dont la Terre a besoin pour vivre resterait donc la même parce que la vie, où qu'elle soit, est un équilibre et que cet équilibre est éternel.

Une matière absorbe d'autant plus de lumière, et par conséquent produit d'autant plus de chaleur, qu'elle est plus compacte. Ainsi le métal, attaqué par la lumière donnera beaucoup de chaleur, la silice moins, l'eau beaucoup moins, l'air presque pas du tout. En effet, la lumière s'arrête complétement sur une matière *opaque* ; elle traverse pour une part la matière *translucide* ; n'est presque plus arrêtée par la matière *transparente*, et pas du tout par la matière *invisible*.

La progression de la matière vers l'invisibilité n'est que le fait d'une raréfaction consécutive à sa continuelle dilatation.

On conçoit que Mercure, globe solide, dans ces conditions, et malgré sa petite surface, développe dans l'ensemble autant de chaleur que Saturne, globe immense, mais gazeux.

A ce compte, cependant, les grandes planètes développeraient, par rapport à la surface, moins de chaleur que les petites. Mais n'oublions pas que les grandes planètes émettent *elles-mêmes* d'autant plus de chaleur qu'elles sont plus dilatées. Leur propre chaleur compense la moindre chaleur venue du dehors et l'équilibre n'est jamais détruit car le point de contact, s'ajustant de deux côtés, reste toujours le même.

☙

Nous avons dit qu'une sphère, dans l'univers, est continuellement en évolution, sous la compression de toute la matière environnante, représentée par les autres sphères, cette sphère, se dilatant sans arrêt par le centre, son point de départ.

Lorsqu'un astre commence son odyssée dans l'univers cosmique, il n'est à ce moment qu'une sphère de matière contractée à l'extrême, c'est-à-dire une boule du métal le plus dur. Sa densité est au plus haut terme, parce qu'il porte en lui, sous sa dimension la plus réduite, qui est celle du commencement, tout le poids de son évolution ultérieure, tout son avenir. Sans force, parce qu'il n'est qu'au début de l'activité, il subit l'influence des astres qui se sont développés avant lui et qui l'entourent de toutes parts.

Le soleil le plus près de cet astre, exerce sur lui une attraction irrésistible, et l'astre se précipite vers lui pour se placer sous sa domination. Mais, avant de parvenir à ce soleil, il est obligé de passer par la « zone d'influence » des astres inférieurs, qui sont les planètes. La relation densitaire de ces planètes « obstrue » pour ainsi dire, l'accès au soleil.

Ces planètes, moins denses que les satellites, possèdent, tout comme le soleil, une puissance d'attraction, insuffisante, il est vrai, pour s'exercer sur des astres ayant déjà atteint un certain degré de développement, mais assez forte pour retenir un astre à son degré d'évolution le plus bas, alors que cet astre n'est encore qu'une sphère métallique. L'astre est, en quelque sorte, « happé au passage » par une planète, qui se l'approprie dans son système en renforçant d'autant sa propre influence, et il en est dès lors *satellite*.

Un astre purement métallique ou siliceux, comme le sont tous les satellites, et qui se serait insinué à travers la zone des planètes vers le soleil serait absorbé par lui comme un simple bolide. En effet, à ce degré élémentaire de développement la force de répulsion est presque nulle. Elle ne peut résister à la force d'attraction de la masse solaire. Elle ne pourrait opposer une force suffisante qu'à une planète dont la force d'attraction est relativement faible car, dans ce cas, le satellite et la planète arrivent à travers un point commun d'équilibre. Un astre possédant une force de répulsion trop faible en regard d'un autre doit donc être absorbé par lui.

Un satellite est un astre « au début de sa carrière ». Le travail intérieur, sous la poussée du poids de l'univers, commence, dans dans l'énorme boule de métal qu'il représente. L'échauffement transforme lentement la matière centrale, laquelle, de *solide* devient *pâteuse*. Cette forme chimique de la matière c'est la *silice*. La dilatation du centre de la sphère provoque, à la surface, des entonnoirs, des boursouflures, des crevasses, par où la silice s'échappe et se répand au dehors. Les coulées de silice, encore ardente, se mélangent avec le métal, et cela donne *la pierre*, sous les multiples aspects que nous lui connaissons.

La silice, dont la forme spécifique naturelle est la forme pâteuse, abandonne cette forme dès son irruption à la surface. Elle devient, à ce moment, solide, non pas *solide résistant*, qui est la forme naturelle du métal, mais *solide cassant*, telle que nous la connaissons sous le nom de verre ou de porcelaine.

La matière évolue donc, dans une transmutation lente et continue au centre des sphères, par l'effet de la chaleur, développée par la compression. La matière acquiert les multiples apparences qu'elle revêt à la surface de notre planète dans ce creuset ardent qui est le feu central. Elle est expulsée du centre de la Terre parce que, se dilatant continuellement, elle ne peut plus être contenue. C'est par l'orifice de ces cheminées naturelles que nous appelons « volcans », qu'elle nous arrive de l'inconnu.

Nous devons nous rendre compte que tous les corps chimiques, naissant par la compression, changent de formes selon le degré de chaleur que cette compression leur fait atteindre. Mais on conçoit que la température *spécifique* de ces corps n'existe qu'à cet état de compression.

En dehors de la compression, c'est-à-dire à la surface des astres, le métal, la silice, l'eau et l'air ont une température à peu près égale, tout en gardant les caractéristiques qui leur ont été assignées par la chaleur interne. Ils retiennent ces caractéristiques, sauf la chaleur, dès qu'ils s'échappent du centre sous une des quatre formes, *parce que les éléments sont immuables en leur essence à la surface des sphères*. Il y a *transmutation* de la matière au centre des astres et *transformation* seulement au dehors car la matière est immuable en son essence à la surface des sphères, ce qui veut dire que la silice, l'eau et l'air, peuvent changer de forme sous l'influence de l'action solaire, devenir glace, vapeurs, corps végétaux ou animaux, mais que la combustion ou la calcination fait invariablement retourner ces matières à leur forme première, à celle qu'elles avaient à leur sortie du creuset central.

La surface des sphères est située entre l'infiniment grand et l'infiniment petit, entre le chaud infini du centre des globes, le néant du centre absolu ; et le froid infini de l'espace, le néant de la limite absolue des relations densitaires. Or, le point central des sphères, (le néant intérieur,) est le creuset de l'activité éternelle, tandis que le vide, la limite des relations densitaires, (le néant extérieur,) est le point où la matière, si elle n'a plus de forme sphérique, est instantanément contractée à l'infini, jusqu'à sa presque disparition.

En un mot, la matière est en dilatation éternelle au centre des globes, elle est en contraction irrésistible lorsqu'elle est abandonnée à l'espace, c'est-à-dire au néant. D'un côté chaleur ardente et progressive, par la dilatation ; de l'autre, froid intense et immédiat par la contraction.

La surface des sphères est à cheval entre cette activité et cette rétro-activité. Elle est donc neutre et immobile. La matière qui la compose est inerte et chimiquement intransmutable, et la vie météorologique, végétale ou animale, la vie de surface et éphémère qui est la nôtre, ne se produit que par le jeu de l'esprit sur la matière, c'est-à-dire par l'action des rayons du soleil sur les terres et les mers. C'est ce que nous appelerons l'action physique pour la différencier de l'action chimique que nous venons de décrire.

♣

Le néant extérieur, c'est l'espace *inexistant,* qui sépare, en apparence les astres.

Le néant intérieur, c'est le point *inexistant* qui constitue le centre des astres.

Le néant extérieur c'est l'*absolument grand*. Le néant intérieur c'est l'*absolument petit*. Tout ce qui est placé entre ces deux « néants » vit et meurt. L'être vivant a une vue sur l'infiniment grand : l'univers ; une vue sur l'infiniment petit : la Terre. Il connait une pesanteur qui l'entraine vers l'infiniment petit, une dilatation qui l'entraine vers l'infiniment grand. Et sa vie se joue, pour lui, sur une surface plane.

♣

Le centre des planètes ou des satellites, n'est pas nécessairement de la matière sous sa *forme ignée* ou feu *chimique*. Un satellite à peine formé commence à s'échauffer au centre, ramollissant simplement la matière dure qu'est le métal et la rendant pâteuse à la température chimique qui donne naissance à la silice.

Plus tard dans la vie de l'astre, la matière se dilatant toujours plus fortement, la pâte intérieure devient liquide et les vapeurs et les gaz qui composent l'eau et l'air s'échappent par des volcans pour se répandre au dehors.

Mais, comprimés comme ils le sont au centre de l'astre, ils couvrent, dès qu'ils sont lâchés à la surface du globe, un bien plus grand volume. On conçoit facilement que la silice et les gaz, sans perdre de leur «personnalité», se dilatent d'autant plus qu'ils quittent le centre comprimé pour gagner la surface libre.

La matière centrale d'un globe, n'est pas, non plus, composée de tranches de métal, de silice, de liquide, de gaz et de feu qui se superposent immédiatement les unes après les autres, mais bien d'une matière unique, qui, perdant de sa dureté au fur et à mesure qu'elle s'approche du centre, devient pâteuse, liquide, gazeuse et ignée, mais sans à-coups, en se transformant peu à peu, de la même façon que les saisons se suivent insensiblement et sans brusquerie.

Aux quatre formes de la matière inférieure : gazeuse, liquide, pâteuse et solide, s'ajoute à la surface des sphères, une cinquième, la forme *poudreuse*.

Cette forme nouvelle de la matière n'est, en fait, que la transformation des autres formes et plus particulièrement de la matière gazeuse, transformation qui s'opère, comme nous aurons l'occasion de mieux l'approfondir, par le jeu de la chaleur et de l'électricité atmosphériques.

Les gaz de la surface des globes, exposés comme ils le sont à toutes les actions des puissances caloriques et électriques, se solidifient sans cesse pour se gazéifier à nouveau. Les substances obtenues par ces actions n'ont plus rien de commun avec les gaz dont ils sont issus. Elles apparaissent, à la température ordinaire, sous une forme presque toujours *poudreuse*.

Lorsqu'elles se solidifient, ce n'est plus sous un aspect solide *résistant* comme le métal, ni *cassant* comme la silice, mais *friable*.

Ces corps différents, bien connus en chimie, sont, d'une part les oxydes, de l'autre: le soufre, le phosphore, le carbone, le chlore le brome, l'iode et le fluor, dont les combinaisons avec les métaux produisent les sels.

Le métal et la silice peuvent aussi se combiner avec les gaz pour former de nouveaux corps simples. En se combinant avec l'hydrogène, ils donnent le sodium. Avec l'azote, ils donnent le potassium, avec l'oxygène enfin, ils donnent le calcium.

Mais le satellite, disions-nous, continue son évolution. Il arrive à éjecter à la surface, après des millions d'années d'échauffement, non plus seulement de la silice, mais les vapeurs et les gaz qui composent l'eau et l'air. Une atmosphère se crée peu à peu autour du noyau solide. Les creux se remplissent d'eau, formant ainsi les mers. Sous la dilatation continuelle de l'intérieur, la croûte se boursoufle, formant ainsi les montagnes. Et ce sont les montagnes qui demeurent les plus métalliques, car elles constituent les vestiges de la croûte la plus ancienne, surélevé par la poussée de la silice.

En même temps que son nouvel aspect, le satellite a acquis une nouvelle force, que son plus grand volume lui donne. Sa place est plus grande dans l'univers, ainsi que son influence. Le satellite abandonne sa planète (qui elle-même est déjà devenue soleil) et devient planète à son tour, c'est-à-dire se rattache à un soleil, peut être à son ancienne planète elle-même.

Mais pendant des millions d'années, le travail intérieur, progresse sans arrêt, dans la nouvelle planète. Les volcans vomissent continuellement de nouveaux gaz, cependant que les continents s'effondrent, aspirés sans cesse vers le formidable creuset central. La planète perd son ancienne apparence, qui était celle de la Terre, de Mars, de Mercure et de Vénus, pour prendre l'aspect d'une planète aqueuse et gazeuse qui est l'aspect de *Jupiter*.

L'eau de la surface est à son tour aspirée vers le creuset central, et le liquide disparait du globe, pour laisser au gaz, à l'azote, la place entière. Le volume de la planète augmente sans cesse, et cela l'éloigne de plus en plus de son soleil.

De plus, si toute sa matière n'a pas eu le temps de se transmuter en gaz, les débris de matière solide qui lui restent sont expulsés du noyau central et se mettent à tourner autour d'elle, comme le feraient d'innombrables satellites, en un anneau compact. La planète prend l'aspect de *Saturne*.

L'évolution continue encore pendant des millions d'années. La compression s'exerce toujours au centre de la planète, et le gaz cette fois se transmute en feu, qui se précipite à la surface en de fantastiques volutes. La planète devient lumineuse Elle est désormais une étoile.

A ce moment l'astre peut n'être considéré que comme le *feu central* de l'ancienne planète, qui ne serait plus représentée, au delà de ce feu, que par une relation densitaire, qui s'étend dans un incommensurable rayon. *La matière s'est presque toute changée en force.*

La matière ignée, qui compose une étoile ou soleil, malgré sa formidable dilatation, est encore d'une homogénéité assez grande, pour continuer à résister à la poussée de l'univers et à exercer une pression sur le centre de la sphère ardente, où la transmutation de la matière se poursuit toujours. La matière est cependant arrivée à l'extrême limite de la dilatation. Dilatée davantage elle n'a presque plus aucun poids, et ne peut plus constituer un bloc homogène, ne peut plus se maintenir en sphère. C'est ici que nous assistons à l'ultime avatar d'un astre.

Le creuset central surchauffant encore le feu solaire, donne naissance à un « super-feu », lequel, contracté cherche une issue à l'extérieur. Le soleil vomit de longs panaches de ce « super-feu » plus lumineux encore que le feu solaire. Puis, finalement, le point le plus faible de la sphère cède et le super-feu qui n'est que de la force et qui ne peut plus s'ajouter à la matière solaire *parce qu'il n'a pas de poids*, et cela parce que la matière n'existe plus en lui, jaillit au dehors en une longue gerbe, tout comme un jet d'eau giclerait d'une ampoule en caoutchouc subissant une trop forte pression. Le soleil est devenu *Comète*.

L'astre prend l'aspect, dans le ciel, d'un globe lumineux suivi d'une chevelure plus lumineuse encore ; chevelure ou queue, projetée comme on le voit, hors de l'astre et non trainée par lui.

La matière a perdu sa forme sphérique, parce qu'elle a dépassé les limites de la dilatation. La comète se disloque et ses débris pris sous le poids des astres environnants, s'écrasent entre les relations densitaires. Autant la matière avait de force pour résister au poids de la matière voisine, tant qu'elle gardait la forme sphérique, autant elle est sans défense contre elle lorsqu'elle l'a perdue.

Sous le formidable poids de l'Univers, la matière rentre en elle-même, refait, à l'inverse, toute la gamme de transmutation qu'elle avait subie. Et autant la dilatation avait été laborieuse et lente, autant la contraction est rapide, pour ainsi dire instantanée.

Instantanée, en effet, malgré que des comètes réapparaissent dans le ciel au cours de longues périodes. Mais quelques centaines d'années ne sont que des secondes en regard de la vie d'un astre, qui se chiffre par centaines de millions d'années.

Une comète qui se forme dans l'univers à une incommensurable distance, ne nous offrira, vue de la Terre, que quelques secondes d'éclat. Une comète qui se formerait relativement près, pourrait réapparaître plusieurs fois dans le ciel, au cours d'une période assez longue pour nous.

Pendant leur vertigineuse descente au néant, les débris informes de la comète, repassent par toutes les phases antérieures, retournant de la forme ignée à la forme gazeuse, puis liquide, puis pâteuse, puis solide. Ces débris, à force de contraction, arrivent à un moment, comme des bulles d'air dans l'eau, à réacquérir la forme sphérique. A peine la forme sphérique est-elle obtenue que la nouvelle boule s'oppose à la compression des masses ambiantes, parce qu'elle a retrouvé du même coup sa « force de répulsion ». Et la nouvelle sphère, que son poids entraine vers une planète dépendant d'un système solaire voisin, devient satellite, et recommence dans le temps sa nouvelle destinée.

Les débris qui, par ailleurs, parce qu'ils sont d'une masse trop infime, n'ont pas pu réacquérir la forme sphérique, sont attirés par les planètes environnantes et viennent faire corps avec elle. Ce sont les bolides.

Les planètes qui sont les plus éloignées de leur soleil, sont mieux placées que les autres pour attirer les bolides ou les nouveaux satellites provenant des débris d'une comète voisine. Nous pouvons, en conséquence, déduire qu'une planète aura d'autant plus de satellites qu'elle sera plus éloignée de son soleil.

L'Univers est donc, pour la matière, un circuit hermétique, un enclos infranchissable, aux parois duquel elle vient se heurter sans ne pouvoir jamais en sortir.

Emprisonnée entre le néant intérieur, le centre absolu des sphères, et le néant extérieur, la limite absolue des sphères, elle vient finir son cycle au point de départ pour reprendre aussitôt son voyage éternel.

❧

On voit, par ce qui précède, que le feu est l'âme universelle, la source de cette force qui fait évoluer les astres. Et la flamme est l'âme vivante de la matière inerte, son « expression animée ». La matière n'a pris sa forme visible que parce que la flamme est passée par là. Comme le corps, la face d'un être est l'image, le reflet de son âme ; la matière, sous les mille formes du métal, de la silice, du liquide ou du gaz, est l'exacte impression du degré de fusion qui la fit naître. Car la matière est une. Mais, selon le degré de chaleur qui l'a tirée du néant, elle a pris une apparence, toujours changeante devant les attaques incessantes du feu, sous laquelle elle évolue dans l'espace.

La force issue de la chaleur est simplement un pouvoir graduel d'expansion, que la chaleur imprime à toute matière qu'elle attaque. Mais nous ne connaissons, par la sensation, qu'une infime partie, une centaine de degrés, de cette gamme fantastique du froid du chaud, dont les milliards de degrés se perdent dans l'immensité.

❧

Nous savons que notre Terre fait partie d'un système planétaire dont le soleil est le centre. Nous savons que les étoiles qui brillent dans la nuit, sont des myriades de soleils, centres d'autres systèmes planétaires. Nous savons que notre Univers est une agglomération d'innombrables soleils lumineux entourés de planètes et de satellites obscurs, et que notre voie lactée est la partie de notre Univers, où ces soleils et ces planètes sont en masse la plus compacte. Nous savons aussi, que des lueurs, que nous prenons quelquefois pour des étoiles, sont d'autres amas d'étoiles, constituant des univers comme le nôtre, ou des milliers de fois plus grands peut-être, et qui, dans l'éloignement prodigieux, ne nous apparaissent plus que sous l'aspect d'un scintillement. Et nous savons encore que, au-delà de toute vision, les univers s'étendent dans un espace qui ne finit jamais.

Or, ces univers, qui gravitent éternellement dans l'espace infini, sont composés, comme le nôtre, de matière, sous ses quatre apparences : solide, pâteuse, liquide et gazeuse ; les quatre éléments décomposés, gouvernés par de l'esprit sous ses trois graduations : le feu, l'électricité, l'intelligence ; les trois principes décomposants.

Mais, en dehors de cet espace infini, existe une autre chose indéfinissable, parce que cette chose n'entre plus dans la composition de l'espace céleste. Nous ne pouvons la connaître, pas plus que nous ne pouvons connaître la continuation du spectre au-delà de l'infra-rouge ou de l'ultra-violet. Et cependant cette chose *est*. Au-delà des limites du froid, de ce froid que nous ne pouvons concevoir et qui fit le métal, la matière continue, par des échelons inconnus, sa « descension » vers des abîmes tellement profonds, qu'elle n'a plus de place dans notre compréhension. Et nous savons que cette « descension » vers le froid, est une contraction perpétuelle, jusqu'à un point où *toute la matière*, s'enfonçant dans le passé, se réduit à l'infini jusqu'au *non-être*. Et c'est ce que l'homme, dans son horreur de la mort, de l'Insondable, appelle : « *Néant* ».

Mais, au-delà des limites du feu, de l'électricité, de l'intelligence, qui font partie de notre compréhension, l'esprit poursuit son ascension, vers des transformations que nous ne pouvons concevoir, parce qu'elles n'ont plus de place dans notre espace céleste, qui est pourtant infini.

Nous savons que l'ascension de la chaleur est une dilatation continuelle, partie du néant. Et cette ascension de l'esprit, dépassant l'intelligence, continue jusqu'à un point où tout l'esprit, s'élançant dans l'avenir impondérable, monte à l'infini vers des sphères indéfinissables, à un développement indicible, mais que l'homme, dans son désir d'éternité, pressent, et c'est ce qu'il appelle « *Dieu* ».

C'est ainsi que ce réchauffement progressif, cette dilatation, cette élévation continue de l'esprit, fit sortir la matière du néant, où rien n'avait jamais été.

C'est ainsi que le souffle de Dieu anime l'Univers.

☙

Lorsque la matière qui compose un astre parvient au degré de développement chimique qui correspond à l'état de notre Terre, les pierres, les eaux et les gaz en sont à l'état chaotique. Mais l'apparition de la lumière, provenant d'un astre supérieur parvenu, lui, à la forme ignée, (le soleil), entraîne le jeu du chaud et du froid sur ces matières inertes par elles-mêmes, et l'action physique, la vie météorologique commence.

C'est ce que la Bible appelle l'union du Souffle et du Chaos.

☙

La lumière solaire se propage éternellement dans l'espace parce que l'espace, c'est le néant. Mais si elle s'y propage à l'infini, c'est parce qu'elle n'y est pas, *qu'elle ne peut pas être dans ce qui n'est pas*. Elle ne saurait voyager, dans le vide, le néant, la mort. Elle n'existe que lorsqu'elle est interceptée par les corps matériels qui sont les astres. Mais alors elle n'est plus éternelle, parce qu'elle est absorbée par eux, provoquant ainsi à leur surface une action météorologique, qui engendre à son tour la vie végétale et animale des mondes planétaires.

En fait, la lumière solaire ne se perd pas. Si elle est arrêtée au cours de son irradiation par les corps astraux, elle subit simplement une *réalisation*. Elle s'incarne, pour ainsi dire, dans le cadre de la matière inférieure sous la forme végétale ou animale.

Dans cette réalisation, le soleil est l'astre actif, ou mâle, les planètes sont les astres passifs, ou femelles. Il est vrai que la planète, à son tour, est active en regard de ses satellites, qui lui obéissent et sont passifs.

La vie n'est donc que la fécondation de la matière par elle-même. C'est la matière supérieure (esprit ou force), qui est le principe fécondant. C'est la matière inférieure (matière ou inertie), qui est l'élément fécondé. La première est la matière « naturante », la seconde la matière « naturée ».

⚜

L'esprit, nous le savons, ne peut exister que par la matière. C'est ainsi que la clarté vacillante, qui nous vient des étoiles, ne peut se révéler, se réaliser, que par sa rencontre avec son antithèse, la matière. Nous n'apercevons cette lueur que parce que nous sommes nous-mêmes une matière placée exactement en face de l'étoile. Et cette lumière ne se révèle qu'en nous. Sur tout le parcours supposé de cette lumière, si aucune matière ne s'interposait, la lumière ne serait pas.

Mais la matière, frappée par un rayon lumineux, l'absorbe et cette lumière, qui ne peut s'annihiler, évolue éternellement en chaleur et en force.

Une projection électrique, d'une luminosité puissante, braquée sur le ciel, s'aperçoit par la colonne de clarté qui perce les ténèbres. Cette clarté, c'est l'humidité, la fumée qui est dans l'air, les molécules de l'air lui-même, qui absorbent, sur leur minime surface, la lumière. C'est ce qui fait que cette clarté diminue d'intensité avec la distance car elle disparait au fur et à mesure que la matière l'assimile. Mais si rien ne s'interposait entre le projecteur et le ciel, la lumière serait invisible et percerait donc l'infini à travers le temps et l'espace.

Le soleil, dans notre système planétaire, est pour nous une source de lumière, comme d'autres soleils le sont dans d'autres univers. Cette lumière, source de vie, se transforme en chaleur dès qu'elle est en contact avec la matière. Cependant, lorsque cette matière est *brillante*, la lumière, simplement reflétée, continue sa course en déviant selon l'angle de la réflexion, tout comme un objet lancé avec force et venant heurter une matière placée obliquement et *glissante*, dévierait dans un nouveau sens. Mais une matière sombre ou noire, ne reflétant plus la lumière, l'absorbe et la change en chaleur. La lumière, en conséquence, à son arrivée n'est pas une chaleur ; elle ne devient chaleur que par son union avec la matière. Sans matière pour intercepter ses rayons, elle n'est ni chaude, ni froide. Nous ne pouvons la voir non plus, car elle est invisible, *nous ne voyons que la matière éclairée par elle*. Lorsque, grâce à notre système visuel, nous la voyons, c'est qu'elle s'unit, par le conduit minuscule de notre pupille, à la matière de notre rétine. Et si cette lumière est trop puissante, la chaleur qu'elle dégage dans notre rétine n'est plus supportable, et nos yeux attaqués par la chaleur, *se brûlent*.

C'est le principe même de la vie qui fait que rien ne peut exister sans la rencontre de la thèse esprit avec l'antithèse matière. Et la lumière solaire, *principe physique*, ne commence à vivre que lorsque la matière planétaire, *principe chimique*, se présente à elle. C'est ainsi que la Terre frémit sous le baiser du soleil, qui la féconde.

La chaleur commence là où la lumière finit. La lumière ne serait, en cela, que de la chaleur qui n'a pas pu s'affirmer parce qu'elle n'a pas encore rencontré de matière. En se révélant dès son interception par la matière, elle crée autour d'elle son antithèse obligée, *l'ombre*, lumière atténuée qui recouvre la matière non éclairée directement. Et la lumière devenant chaleur, crée instantanément son antithèse, *le froid*, chaleur atténuée qui se révèle sur la matière où la chaleur n'agit pas directement.

Continuant son évolution la chaleur, dégagée par la lumière, devient force parce qu'elle est une dilatation. Cette force est celle qui crée, à la surface des planètes, par le jeu du chaud et froid, la première forme de la vie : l'action physique, ou météorologique, le mouvement.

L'air, dilaté par la chaleur, contracté par le froid, s'agite, et le vent se met à souffler. Dans les mers par le même phénomène, amplifié par la perturbation de l'air, se créent les courants. Puis l'eau, sous l'influence de la chaleur, se change en vapeur et les nuages se forment. Les nuages, sous l'influence du froid, se liquéfient à nouveau, et la pluie se met à tomber.

Rien ne se perd et rien ne se crée. Toute force, émanant de la dilatation de la matière, doit se développer selon l'impulsion reçue, sans que rien ne puisse la maîtriser.

La force émanée d'une chaleur doit radier autour d'elle en proportion de l'importance de cette chaleur. Puis la force, dès qu'elle est comprimée dans un espace restreint, doit redevenir chaleur. Ainsi, si un véhicule, lancé avec force, se trouve arrêté dans son élan par l'action d'un frein, sa force maîtrisée se comprime, redevient chaleur et des étincelles, de la flamme, jaillissent visiblement, du frottement des roues sur le frein.

Le phénomène de la flamme entraîne, comme nous aurons l'occasion de l'exposer, la solidification de l'oxygène de l'air. La nouvelle matière, ainsi obtenue, renferme toujours en elle la force qui vient de disparaître, ou mieux, de se transformer, et nous la verrons plus loin réapparaître dans le développement d'un nouveau phénomène.

D'autre part, lorsqu'une chaleur n'a ni le temps ni l'espace nécessaire pour se développer régulièrement, elle le fait d'un seul coup, c'est l'explosion. On voit par ceci que la force dégagée par la chaleur est irrésistible. Elle doit se développer en proportion de la quantité de chaleur qui l'a provoquée, ou, si elle est comprimée, se changer en explosion.

C'est dire que lumière, chaleur, flamme ou explosion sont une même et unique chose à un stade différent, et ce qui se dégage de tout cela, cette unique qualité qui ressort de ces différents états, c'est le premier principe de la vie : la thèse « *Force* » que nous voyons être le principe vital, l'âme vivante du monde minéral.

Nous allons, dès ce moment, établir que le premier principe de vie est le *feu*, qui dégage la *chaleur*, dont l'antithèse est le *froid*, et que c'est du jeu de ces deux puissances que se crée le *mouvement* ou *force* ;

Que le second principe de vie est *l'électricité*, qui dégage le fluide positif (anode) dont l'antithèse est le fluide négatif (cathode), et que c'est du jeu de ces deux puissances que se crée la faculté de *transmission* ou *sensibilité* ;

Que le troisième principe de vie est *l'intelligence*, qui dégage la *volonté*, dont l'antithèse est la *mémoire* et que c'est du jeu de ces deux puissances que se crée la faculté de *perception*, ou *connaissance*.

Nous étudierons plus loin le développement de la deuxième phase, le second principe vital : l'antithèse « *sensibilité* », et plus loin encore, la troisième phase, le dernier principe vital : la synthèse *perception*.

☙ ☙

DEUXIÈME PARTIE

(Physique — Botanique

———

L'AME DES PLANTES

(L'antithèse : Sensibilité)

———

Indra, la Foudre sacrée.— L'action physique et son cadre.— L'activité minéralogique et l'activité météorologique.— Chaleur contractée et froid dilaté.— Forces en réserve.— Rien ne se perd, tout se reforme.— Le phénomène électrique.— Négatif contre positif.— La composition d'un éclair.— Les feux St. Elme. — L'éclosion végétale.— La matière organique.— Feu chimique et feu physique.— Carbonisation et calcination.— Ce qui naît de l'oxydation.— La végétation spontanée.— Du gazeux au solide; du solide au gazeux.— Combustibles et comburants.— Forces captives. — L'agent moteur de la végétation.— Le carbone et le laboratoire de la plante terrestre.— L'iode et le laboratoire de la plante marine. — Le phosphore et le laboratoire de l'animal.— Les plantes, éclairs permanents.— Le potentiel électrique échelonné.— L'électricité âme collective du règne végétal.— L'évolution des espèces.— La reproduction des individus.— La fleur mâle et le fruit femelle.— L'éclair déchire les nues et féconde la terre.— Le rut végétal.— Le mécanisme de la graine.— La galvanoplastie végétale.— Le sel de la mer en équivalence avec l'oxygène de l'air.— La sensibilité; sens végétal par excellence.— L'activité jaillit à tout moment de la matière inerte.— La contraction ou antithèse; Transmission.

Nous avons passé en revue le développement de l'action chimique : la vie minéralogique, qui est l'histoire de la matière, depuis sa naissance jusqu'à son ultime avatar, le feu solaire. Nous avons ensuite observé l'action physique : la vie météorologique telle qu'elle se produit à la surface des sphères.

Tout ceci constitue la vie *inorganique*, qui n'implique que de l'activité *anonyme*, que du mouvement continuel, excluant toute « personnalité » végétale ou animale. Nous allons maintenant étudier ce qui constitue la vie *organique*, l'évolution des espèces.

Sous le baiser ardent du soleil la Terre s'émeut et s'agite. Sous l'action de la chaleur solaire, l'eau et l'air entrent en mouvement. Les vents, les nuages, les fleuves, les courants sont cette manifestation de la vie physique. Les nuages surtout avec leurs formes bizarres toujours changeantes, les figures étranges et fantastiques qui défilent au caprice de la brise, semblent, plus que tout autre chose, une représentation de l'activité météorologique telle qu'elle est provoquée par le jeu de la chaleur et du froid.

C'est le ciel, *la nuit*, qui nous offre le spectacle de cette activité chimique qui se poursuit, sans trêve, dans ces milliards de sphères que nous appelons étoiles.

C'est aussi le ciel, *le jour*, qui nous offre le spectacle de cette activité physique, les vents, les courants, les météores aqueux ou lumineux qui se renouvellent indéfiniment à la surface des sphères.

Les matières solides, le métal et la silice, concourent à la manifestation de la vie, mais d'une façon bien plus restreinte que l'air et l'eau. Elles semblent n'être que passives, à côté de l'activité incessante de l'air et de l'eau. Mais elles n'en sont pas moins la base de cette vie, et, sans cette base, la vie serait impossible. Elles sont le cadre inerte où courent les fleuves et les vents. Elles sont aussi, comme nous le verrons, l'armature qui maintient sous une forme solide les corps végétaux et animaux.

♣

La chaleur émanée du soleil est une conséquence subtile de la matière. Simple relation densitaire, elle est l'influence lointaine d'une matière dilatée, jusqu'à l'état du feu solaire. Elle n'est par conséquent pas exactement une matière elle-même, mais une force, une radiation pénétrante que nous appellerons esprit et qui possède ce pouvoir de rapprocher de la forme ignée toute matière à laquelle elle vient s'unir.

Nous savons que toute chaleur imprime à la matière ainsi attaquée un pouvoir de dilatation que nous traduisons par ce mot « force ». Mais la chaleur qui nous vient du soleil est insuffisante pour transmuter, comme le fait le feu central, les matières de la surface des globes. En effet, la matière résiste à cet endroit, à cette chaleur, *parce qu'elle est immuable en son essence*.

La chaleur solaire est assez forte, nous l'avons vu, pour dilater d'une part et contracter d'autre part, par contre-coup, les gaz atmosphériques, provoquant en celà les vents et les courants. Mais cette dilatation s'arrête lorsque l'élasticité des gaz est poussée à sa dernière limite. Pour continuer la dilatation, il faudrait qu'elle s'attaquât à la relation densitaire elle-même, c'est-à-dire qu'elle repoussât les forces cosmiques qui l'entourent. Or, nous savons que la chaleur solaire, n'est qu'une transformation de la force de compression que déploie le soleil contre la Terre. La chaleur solaire, ne peut, en conséquence devenir *plus forte qu'elle-même*, soulever son propre poids.

L'atmosphère ne peut plus être dilatée au-delà de son élasticité parce qu'elle est maintenue par la pression du feu intérieur, s'adosssant à la pression contraire extérieure de l'espace. La chaleur solaire s'attaque donc vainement à la matière pour la dilater. Dans l'impossibilité d'y parvenir, et devant nécessairement se dépenser, puisque toute chaleur doit se changer en force et puisque aucune force ne peut se perdre, cette chaleur se renverse, *fait retour sur elle-même*, en se contractant et attend dans la nature, le moment de se changer en force et de pouvoir ainsi se libérer de la formidable pression qui la maintient sous cette forme anormale. Cette forme c'est l'électricité active, le **fluide positif**. Le fluide positif est donc de la *chaleur contractée*.

Le fluide positif se tient en réserve dans la partie supérieure des globes, constituée par l'atmosphère. En effet; les rayons solaires son absorbés par la croûte solide de la Terre et cette lumière se change en chaleur qui, montant du sol, réchauffe continuellement, les couches atmosphériques.

Mais comme toujours dans la nature, une action réflexe se produit.

La matière solide souterraine, par ailleurs, ne subit plus l'action des rayons solaires, mais elles est de son côté sous l'influence du cette chaleur inférieure, « descendante », que nous traduisons par le mot *froid*. Là, aussi la matière est sous une forme immuable et ce froid s'exerçant sur elle s'efforce de la contracter, mais vainement. Le même phénomène se produit à l'inverse. Le froid, ne pouvant contracter la matière, subsiste dans la matière à l'état dilaté, devenant une force latente maintenue par la pression qui immobilise tout à la surface des sphères.

Le *froid dilaté*, c'est l'électricité passive, le **fluide négatif**.

Le fluide négatif est une électricité *passive*, parce que, émanation *de la terre*, il se trouve accumulé dans un élément pour une bonne part métallique et du reste *toujours humide*, donc bon conducteur. Le fluide évolue, par conséquent, librement dans le sol. Il communique de toutes parts. Il est partout d'égale puissance, c'est-à-dire *passif*.

Dans l'air sec, par contre, mauvais conducteur, le fluide positif va et vient, emporté par des nuages ou des éléments étrangers. Il est d'une puissance toujours variable, c'est-à-dire actif.

Ces deux propositions : « chaleur contractée » et « froid dilaté » qui représentent, l'un le fluide positif, l'autre le fluide négatif, n'ont plus rien de commun avec la chaleur ou le froid naturel. En effet, ce déséquilibre de température, dans les deux fluides n'existe qu'en rapport l'un de l'autre. Le fluide négatif, « froid dilaté », ne peut être ni froid ni chaud puisque dilatation équivaut toujours à chaleur dans la nature. C'est un froid *chaud*, annihilant toute idée de température. De même pour le fluide positif, chaleur « contractée », donc froide.

On comprend que cette force latente, en déséquilibre, d'un côté par le fluide positif, de l'autre par le fluide négatif, tende à s'équilibrer. La simple rencontre de ces deux puissances identiques dans l'évolution, mais adverses dans la direction, fait que cette force retenue peut retrouver son équilibre. C'est alors que la synthèse électrique se réalise. Le fluide positif, chaleur contractée, abandonnant sa contraction forcée au fluide négatif, qui cède en échange sa dilatation forcée au fluide positif. L'équilibre se rétablit à ce moment dans une matérialisation de force qui se dépense sur le champ par le phénomène électrique.

Le phénomène électrique, qui n'est possible qu'à la surface des sphères, est donc le point de contact de ces deux forces en réserve dans la nature, et c'est de leur amalgame, au moment où l'équilibre se rétablit, que jaillit cette puissance invisible et emprisonnée, qui se libère et que nous appelons électricité.

⚜

D'une façon plus minutieuse, nous pouvons établir que la chaleur, s'exerçant sur du métal, se change en force, par dilatation, ou par oxydation. Agissant sur les liquides, elle provoque une dilatation plus forte, qui est la vapeur. D'autre part, la dilatation, ou l'oxydation, est impossible sur de la silice que sa forme solide *anormale* rend non-malléable. Mais la chaleur s'attaquant à la silice, se changera en force par l'apparition de l'électricité positive. Le froid s'attaquant à la silice et sans pouvoir la contracter, deviendra de l'électricité négative.

Nous pouvons donc déduire que toute chaleur s'attaquant à de la matière sans pouvoir se tranformer en force par dilatation devient de l'électricité positive. Tout froid s'attaquant à de la matière sans pouvoir se transformer en force par contraction devient de l'électricité négative.

Toute force, par contre, évoluant dans la nature et ne pouvant se transformer en chaleur, devient électricité.

La chaleur venue du soleil, se transforme en mouvement au prorata de l'élasticité de la matière, *et en électricité au-delà de ce prorata*.

⚜

La lumière ou la chaleur électrique, du fait de son origine, possède cette faculté de se produire dans le vide. Elle peut brûler dans un compartiment hermétiquement clos sans qu'elle soit accompagnée d'une production d'acide carbonique ni d'une consommation d'oxygène.

C'est que cette chaleur n'a plus besoin d'être « faite ». Nous savons que l'électricité est de la chaleur à l'état de contraction, ou concentration. C'est une chaleur déjà brûlée et qui n'a plus besoin de combustible pour revenir à son état primitif. Et l'on conçoit facilement qu'une lampe à incandescence consomme d'autant plus d'électricité qu'elle produit de chaleur puisqu'il y a identité entre les deux.

Lorsque la chaleur arrive dans le compartiment clos, c'est à l'état de fluide positif. Sous cette forme contractée, elle n'est pas à l'état de dilatation qui correspond à la chaleur et à la luminosité. Mais dès qu'elle entre en action par son opposition avec le fluide négatif, elle reprend en se dilatant l'état de chaleur et de luminosité inhérent à son degré de dilatation.

Si, au lieu de faire le vide, on emplit l'ampoule d'un gaz non comburant, l'éclat de la lampe augmente sans que le courant fourni soit plus fort. La chaleur issue de cette lumière, ne pouvant dilater le gaz enfermé dans la sphère, se contracte dans le fil incandescent, en fournissant ainsi une électricité positive autonome, qui s'ajoute au courant déjà fourni.

On se rend aisément compte que le fluide positif ait exactement besoin de son équivalent contraire en négatif et qu'il n'en use pas davantage ; de même que ce soit le fluide positif, évoluant dans une matière mouvante qui commande, car cette activité le fait se promener partout dans l'atmosphère, à la recherche du fluide négatif, toujours immobile dans le sol; et que ce soit les montagnes qui apportent le plus loin dans les couches atmosphériques, le fluide négatif, provoquant ainsi les plus fortes rencontres de fluides, les plus grands orages ; et que ce soit enfin l'été que se forme le plus de fluide positif et l'hiver que s'accumule le plus de fluide négatif.

On peut tout aussi facilement concevoir que ce soit dans les régions les plus chaudes du globe qu'évolue la plus grande partie du fluide positif et que ce soit dans les régions les plus froides que se trouvent emmagasinées les plus grandes quantités de fluide négatif ; on conçoit enfin que, puisque c'est au pôle Nord que se trouvent le plus de terres, matières solides où s'exerce l'action négative du froid, que la calotte polaire du Nord soit le point du globe où se trouve la plus grande réserve de fluide négatif et que, par conséquent, toute aiguille imprégnée par aimantation, de fluide positif et évoluant librement sur un pivot, se dirige invariablement du côté de cette plus grande réserve de fluide contraire, c'est-à-dire vers le Nord.

⁂

La nappe liquide qui recouvre les trois quarts du globe est placée entre la matière solide, la terre, et la matière gazeuse, l'atmosphère. Elle est, où qu'elle se trouve, d'une densité uniforme, et presque sans élasticité. Mais elle n'est pas, malgré cela, productrice d'électricité, car la chaleur s'exprime en force tout naturellement en elle par l'évaporation. Bonne conductrice d'électricité, elle renferme des provisions de fluide négatif et de fluide positif, lesquels ne pouvant se rencontrer que par les pointes, s'accumulent en elle, sans pouvoir, à aucun moment, se synthétiser en électricité.

Lorsque par un temps d'orage, un bateau se trouve entouré d'une atmosphère contenant de fortes quantités de fluide positif, le fluide négatif de la mer, montant le long des mâts, que la pluie a rendus humides, donc bons conducteurs, va se rencontrer par ces pointes, avec le positif de l'air. L'électricité se forme alors à cet endroit d'autant plus visiblement que la masse du bateau est plus grande. C'est ce phénomène que les marins ont appelé « feu Saint Elme ».

L'électricité, telle que nous venons de la décrire est bien une émanation, *antithétique*, de la chaleur et du froid. Le phénomène de l'éclair est un exemple visible et frappant de cette évolution.

Les chaleurs de l'été donnent naissance à une immense quantité d'électricité positive qui se localise dans les nuages, seuls capables, dans l'atmosphère, de concentrer du fluide. Les nuages, surtout ceux venant du Nord, par contre, sont chargés d'électricité négative, qu'ils ont recueillie au contact des montagnes ou en rasant la terre.

La rencontre des extrémités des nuages colportant les deux fluides contraires provoque, dans l'atmosphère, le phénomène de l'éclair.

L'électricité qui s'obtient par ce contact, joue le même rôle que la flamme dans la combustion, laquelle flamme est une amorce qui dure tant qu'elle peut trouver de combustible. Cette électricité, que nous appelons foudre à ce moment, attire à elle toute la chaleur qui existe dans un certain rayon, laquelle est irrésistiblement concentrée dans le sillage irrégulier que dessine l'éclair et se transforme, à son tour, instantanément, en fluide électrique.

Cette disparition soudaine de la chaleur dans ce rayon, fait que la température s'abaisse et que les vapeurs qui composent les nuages, sous l'action du froid, se condensent, redeviennent de ce fait liquides et lourds et ne pouvant se maintenir dans l'air, retombent sur la terre sous forme de gouttes de pluie.

On voit, par cet exemple, que l'électricité est bien une émanation antithétique de la chaleur, puisque, chaleur transformée, elle n'est plus une dilatation lente et générale, mais une contraction brusque constituant un tout homogène et doué d'un bout à l'autre de l'éclair, d'un *pouvoir de transmission* irrésistible.

♣

Lorsque une partie de chaleur atmosphérique est violemment attirée dans le sillage d'un éclair, cette violence fait qu'il se produit du feu en même temps que de l'électricité.

L'électricité solidifie l'azote de l'air, mais l'azote solide, ainsi obtenu, n'a pas le temps de durer. Il joue le rôle de filament incandescent, marqué par la forme de l'éclair. La contraction de chaleur trop forte, et la présence de l'oxygène, incendie ce filament, c'est-à-dire que l'azote se regazéifie de suite, en solidifiant dans cette nouvelle phase l'oxygène de l'air.

Dans cette combustion, il y a d'abord concentration d'oxygène qui produit *l'ozone*, puis solidification du même. Cet oxygène solidifié retombe sur le sol en poudre impalpable : c'est du *soufre*. C'est ainsi que dans le voisinage des volcans, où l'électricité est toujours active, se forment à la longue des « solfatares ».

Les éclairs dits « de chaleur » sont des rencontres plus atténuées des deux fluides qui se produisent sans combustion, sans flamme, sans bruit, par conséquent sans solidification d'oxygène, c'est-à-dire sans production de soufre. Le soufre ne serait, comme on le voit, que *l'oxyde de l'air lui-même*.

Ce n'est pas non plus par un simple fait du hasard, que l'azote se solidifie sous l'influence de l'électricité. En effet la chaleur, agissant sur l'atmosphère, tend à dilater le gaz, qui est ici l'azote. Ne pouvant plus tenir dans ce vase clos qu'est l'atmosphère, le gaz trop comprimé doit se contracter d'autre part. Il contracte donc en lui-même le trop plein de volume que la dilatation lui a fait atteindre, et cette contraction produit dans le ciel, d'immenses nervures qui prennent feu et que nous appelons éclairs.

♣

L'électricité possède en plus de sa qualité propre, qui est celle de transmission, toutes les qualités propres à la chaleur, puisqu'elle est de la chaleur transformée, un phénomène se compliquant d'un nouveau phénomène qui se greffe sur le premier.

Les plus fortes températures peuvent être obtenues avec le fluide électrique, puisque ce fluide est une contraction subite, instantanée, d'une quantité de chaleur qui peut être illimitée.

L'Homme moderne est finalement parvenu à tirer parti des forces caloriques, puis électriques. Il obtient aujourd'hui de l'énergie matérielle, aussi bien des moteurs électriques que des moteurs caloriques. Nouveau Prométhée, il a découvert et asservi *l'électricité*, après avoir découvert et asservi *le feu*.

♧

La foudre n'est qu'une manifestation de la vie physique, et nous verrons que c'est précisément cette manifestation, inorganique en soi, que nous devons considérer comme l'introduction à toutes les vies organiques, le point de départ originel de toutes les espèces vivantes, végétales ou animales.

Ce n'est pas, cependant, par le simple phénomène de l'éclair que l'immense quantité de fluide électrique, accumulée dans la nature, réussit à se dépenser.

La force en réserve dans le sol, sous forme de fluide négatif et la force en activité dans l'atmosphère sous forme de fluide positif, se matérialise, non seulement par à-coups, par périodes incertaines, comme elle le fait dans les orages, mais surtout par un travail incessant, progressif et régulier, aussi différent de l'éclair, qu'une flamme tranquille et continuelle l'est d'une explosion soudaine.

Cette matérialisation d'électricité, c'est cette immense éclosion qui se forme à la surface des sphères cosmiques qui possèdent une atmosphère, et qui n'est autre que la végétation dans ses incroyables variétés.

Car l'électricité est, comme nous allons le voir, ce qui constitue dans la nature, *l'âme cachée*, « l'essence vivante », de toutes les floraisons.

☙

La vie à la surface des globes, est une transformation incessante de la matière. Cependant, la matière (métal, silice, eau, air) n'est pas combustible. Il n'y a de combustible que la matière transformée ou ayant passé par le phénomène organique de la végétation, ou de l'animation. Cette matière végétale et animale s'obtient par la solidification temporaire des gaz. Les gaz, comme les autres formes de la matière, sont immuables en leur essence, mais ils peuvent se modifier dans leur forme, pour retourner ensuite invariablement à leur état originel.

La solidification des gaz produit des corps bien connus en chimie et que nous avons déjà appelés au précédent chapitre : *la matière poudreuse*.

L'hydrogène solidifié donne le *chlore*, *l'iode*, le *brome* et le *fluor*. L'oxygène solidifié donne le *soufre*, le *phosphore*, les *oxydes*. L'azote solidifié donne le carbone.

Le métal et la silice, qui entrent dans la composition des corps végétaux et animaux, n'y apparaissent pas sous leurs formes réelles. Ils se combinent à l'aide d'un gaz et forment avec celui-ci, un corps nouveau.

Par le laboratoire de la plante marine, le produit ainsi obtenu n'est autre que le *sodium*, combinaison de métal, de silice et d'hydrogène. Par le laboratoire de la plante terrestre, c'est le *potassium*, combinaison de métal, de silice et d'azote. Par le laboratoire de l'animal, enfin, c'est le *calcium*, combinaison de métal de silice et d'oxygène.

C'est sous l'effet de la décomposition des plantes marines que les mers se chargent de sel peu à peu par la diffusion du sodium qui se combine avec le chlore.

L'iode contribue à former les corps végétaux marins ; le carbone les corps végétaux terrestres ; le phosphore les corps animaux. Le sodium, le potassium, le calcium représentent quant à eux, dans ces corps, l'armature solide qui maintient le tout.

Les gaz se solidifient donc pour former les matières organiques : l'hydrogène, la matière végétale marine ; l'azote, la matière végétale terrestre ; l'oxygène, la matière animale marine et terrestre.

Le soufre est, nous l'avons vu, le produit du phénomène de la foudre.

♣

Il y a combustion chaque fois que l'oxygène passe de l'état gazeux à l'état solide, et que l'azote passe de l'état solide (carbone), à l'état gazeux, sous forme d'acide carbonique. Lorsque la combustion est vive, il se produit une flamme, que nous appellerons feu physique, pour le différencier du feu chimique qui est le feu central des astres où le feu des soleils.

Le feu solaire ou chimique est un état permanent de dilatation de la matière à un point où la luminosité est extrême, tandis que le feu terrestre ou physique est le phénomène instantané de réaction qui accompagne le passage des gaz d'un état à l'autre.

Il est évident que la flamme est elle-même de la matière à un degré de dilatation interne, mais qui ne peut avoir de durée à la surface des sphères, où les gaz sont immuables en leur essence. Dès que cette flamme, ce foyer a été amorcé, soit par un fort frottement, soit par une réaction chimique qui produit une forte chaleur, (donc une forte dilatation du gaz), ce foyer, s'attaquant à l'azote solidifié autour de lui (carbone), le rend à la forme gazeuse et attire l'oxygène qui l'entoure et le solidifie dans une proportion équivalente, (oxyde ou soufre).

Pour rapprocher ce phénomène de celui qui accompagne la synthétisation du fluide négatif avec le fluide positif, nous pouvons dire que l'azote contracté cède sa contraction forcée à l'oxygène dilaté qui cède en retour sa dilatation forcée, (puisque l'oxygène n'est qu'un composant d'une matière plus compacte : l'eau), à l'azote. C'est le foyer de cet échange, au moment où l'équilibre se déplace, qui s'appelle la flamme.

Nous pouvons donc déduire que toute matière qui n'est pas, à la surface des globes, sous sa forme naturelle, qui est celle qu'elle avait à la sortie du creuset central, *est maintenue sous cette forme anormale par une force étrangère.*

Elle contient donc, en permanence, la tension nécessaire pour retourner à son état initial, et c'est ce qui fait qu'elle est combustible ou comburante, selon le cas. La force de dilatation que représente la flamme équivaut à celles qui maintenaient la matière sous la forme antérieure. C'est une force restituée.

☙

L'électricité étant une émanation *antithétique* de la chaleur, son action dans la nature se trouvera toujours être l'opposé de l'action du feu. C'est ainsi que le feu solidifie l'oxygène gazeux et gazéifie l'azote solide, alors que l'électricité gazéifie l'oxygène solide et solidifie l'azote gazeux.

C'est ce passage constant des gaz d'un état à l'autre, sous l'action contraire de ces deux forces vives, chaleur ou fluide, qui crée la matière poudreuse, les corps végétaux et animaux.

Cette reversibilité se vérifie encore avec les liquides. C'est ainsi que le courant électrique gazéifie l'eau en la décomposant en hydrogène et oxygène, et que le feu liquéfie ces deux gaz en recomposant l'eau, lorsque l'on fait brûler de l'hydrogène dans de l'oxygène.

On remarque ainsi une compatibilité complète entre l'oxygène et l'hydrogène qui se comportent d'une façon sensiblement la même sous l'action du feu ou de l'électricité, alors que l'on remarque une *incompatibité absolue* entre l'oxygène et l'azote qui se comportent d'une manière contraire sous les mêmes actions.

En effet, l'oxygène et l'hydrogène sont les deux composants de l'élément liquide par excellence, qui est l'eau, alors que l'union de l'oxygène et de l'azote n'est que le mélange accidentel de deux éléments contraires. C'est l'azote qui est l'élément gazeux « par excellence », et non l'air. L'oxygène qui vient se mélanger à lui, sans se combiner, n'est que le trop-plein gazeux qui s'échappe de l'eau, car l'eau ne peut être composée que d'une proportion *absolue* d'hydrogène et d'oxygène.

C'est ce fait, accidentel en apparence, du mélange de l'oxygène à l'azote, qui est, sur la Terre, la cause primordiale du développement inouï de la vie végétale et animale. Nous verrons tout-à-l'heure, la corrélation étroite qui existe entre la quantité d'oxygène qui se mélange à l'air et l'extension de végétation sous-marine.

☙

Lorsque l'action de la chaleur s'exerce à l'air libre, en libérant le carbone, azote solide, qui redevient gaz, et en solidifiant l'oxygène gazeux, le phénomène s'appelle *carbonisation*. Lorsque l'action de la chaleur s'exerce en *vase clos*, le phénomène s'appelle *calcination*.

Par le premier c'est du feu, de la flamme, qui s'obtient. Par le second c'est de l'électricité qui se forme. La chaleur, s'attaquant à la matière contenue dans le vase clos, ne peut dilater cette matière au-delà de l'état gazeux. Cette dilatation, cette force contenue, ne pouvant s'échapper, existe malgré tout dans le vase clos, mais sous la forme invisible, impalpable et non-mesurable qui est celle de l'électricité positive.

L'ANTITHÈSE « SENSIBILITÉ »

On voit, dès lors, les rapports intimes qui existent entre l'électricité naturelle et l'oxygène solide, (phosphore, calcium ou autres), qui repose dans le sol. L'oxygène solide de la terre n'a pas besoin d'être en vase clos pour se calciner et devenir gazeux, puisque l'électricité existe à tout moment dans la nature. La calcination s'opère d'une matière toute naturelle chaque fois qu'un végétal va, avec ses racines, se mettre en contact avec l'oxygène solide du sol, imprégné d'électricité négative, et le fait communiquer avec l'électricité positive, qui se forme dans l'air. La surface de la boule terrestre peut donc être considérée comme une immense serre, un énorme vase clos, où, sous l'action de la chaleur, se forme de l'électricité qui se corporise par la végétation.

❧

Disons une fois de plus que toute chaleur, ou fluide, doit se changer en force, toute force doit se changer en chaleur ou en fluide.

Lorsque la chaleur, s'attaquant à l'oxygène gazeux, le transforme en oxyde, ou oxygène solide, qui se dépose sur les métaux, la matière ainsi obtenue contient encore une force qui est, cette fois, le principe initial de la végétation. *La végétation, de ce fait, est un produit de l'oxydation.*

L'apparition de l'électricité entraîne celle de la vie organique sous sa première forme : la forme végétale. Sous l'action de l'électricité atmosphérique, l'oxygène solidifié, qui repose dans le sol, (oxydes, phosphore, calcium), retourne à la forme gazeuse. En s'échappant du sol dès sa transformation, il emporte avec lui des molécules de métal et de silice, en quantité infime il est vrai, mélangées à de l'humidité. Or, le fait de la gazéification de l'oxygène solide *implique le fait réflexe de la solidification de l'azote de l'air en quantité équivalente.* Cet azote vient s'amalgamer à ces molécules de métal et de silice qui sortent de terre imprégnées d'humidité. C'est surtout autour des arbres, où l'action de la foudre est plus violente, que se produit cette floraison qui émerge du sol sous la forme la plus élémentaire du végétal : les champignons et les mousses.

On conçoit que, dans cette action végétale, l'oxygène ne soit qu'un «agent moteur» qui entraine avec lui vers le haut, les molécules de métal et de silice lesquelles, s'associant avec l'eau et l'azote qui se solidifie peu à peu, vont former la plante. L'oxygène, si précieux dans ce cas, ne l'est pas pour lui-même, mais par la force qu'il déploie pendant sa transformation. Il n'est qu'un «élément agissant» car il se volatilise et disparait sans laisser aucune trace dans la plante, composée seulement de silice et de métal (potassium), d'eau et surtout de carbone ou azote solide.

Il apparait évident que la plante aura d'autant plus de force qu'elle se trouvera dans un terrain contenant une quantité appréciable d'oxygène solide : calcium, phosphore ou oxydes. Les terrains siliceux, qui ne contiennent aucun oxyde, les déserts de sable par exemple, sont forcément stériles. La plante, dans ce terrain, privée de son « agent moteur », est sans force pour attirer à elle l'azote de l'air et le solidifier. Les terrains des premiers âges de la Terre, au contraire, durent être d'une fertilité exhubérante parce que la Terre, à son origine, contenait beaucoup plus de métal.

La plante est donc composée d'azote solidifié, (carbone), qu'elle a absorbé par les feuilles ; d'eau, et enfin de silice et de métal (potassium), qu'elle a absorbés par ses racines et qui ne sont, eux, que ce qui constitue en elle la partie *extra-solide*, la « carcasse » extérieure qui maintient tout le reste. Cette carcasse silico-métallique se fixe, sous l'influence électrique elle aussi, *par une action galvanoplastique*. Certes, la proportion de matières solides est infime, l'épaisseur de silico-métal est extraordinairement ténue, mais la nature ne connait à aucun moment *l'absolument petit*.

♧

La force qui a provoqué la naissance de la plante, la foudre, serait insuffisante pour lui conserver une vitalité constante. C'est ici que l'électricité ambiante, le fluide négatif du sol et le fluide positif de l'air, entrent en jeu.

La plante est elle-même *un éclair permanent*. Par sa forme, ses racines d'une part, sa partie souterraine, ses rameaux de l'autre, sa partie aérienne, elle ressemble à un éclair. En fait, placée comme elle l'est entre le ciel et la terre, elle est un trait d'union entre le positif de l'air et le négatif du sol.

La plante vivante est toujours humide, donc bonne conductrice d'électricité. Les liquides et les métaux sont, en effet, bons conducteurs ; les gaz et la silice sont des isolants. La plante joue, dans la nature, le rôle d'un véritable moteur toujours en action, puisqu'elle est un point de contact continuel entre les deux pôles.

Cette électricité active lui est nécessaire pour exister. L'électricité représente l'esprit, *l'âme de la plante*, le principe occulte qui la fait vivre. C'est par le travail invisible de l'électricité, sous l'influence prolongée des effluves électriques, que l'oxygène solide, qui touche aux racines, se gazéifie, monte le long de la plante, en poussant l'eau et les molécules de métal et de silice vers le haut, et s'exhale ensuite par les pores des pétales de la fleur. C'est par le travail invisible de l'électricité que l'azote de l'air, passant par les pores des feuilles, vient se liquéfier dans la plante pour former la sève, qui se solidifie ensuite et devient le bois, le carbone.

♧

Ce qui nous éloigne de penser qu'une plante puisse être assimilée à un éclair, à une matérialisation électrique, c'est que l'électricité n'apparait pas en elle, du moins visiblement.

Mais nous ne devons pas oublier que l'électricité, comme la flamme du reste, est un phénomène d'autant plus intense qu'il est plus rapide. Lorsque nous calculons l'intensité d'un éclair à cent mille ampères, par exemple, nous devons tenir compte *qu'il ne dure qu'une seconde*. La plante, d'autre part, est une accumulation de travail électrique, un potentiel, « échelonné », pour ainsi dire, sur une période plus ou moins longue.

Un arbre âgé de cent ans a vécu environ trois milliards de secondes. Un simple calcul nous dira que l'intensité continuelle *moyenne* de son courant, pour être de la même intensité que l'éclair d'une seconde, doit être de la *trente millième partie d'un ampère*. C'est ce qui explique que cette électricité constante soit, par son insignifiance même, hors de portée de nos moyens d'investigation.

L'électricité positive se forme pour une bonne part sur les feuilles des plantes par contraction de chaleur. La chaleur du soleil, ou simplement la chaleur ambiante, est retenue sur les feuilles qui devraient, dès ce moment, se dilater ou s'évaporer. La dilatation ou l'évaporation étant, du fait de la conformation végétale impossible, la chaleur se contracte dans chaque feuille et pénètre dans la plante sous forme de fluide positif, en liquéfiant dans cette transformation l'azote de l'air.

Les feuilles sont toujours d'une teinte foncée, car la lumière, mieux absorbée par les couleurs sombres, développe ainsi plus de chaleur, partant plus de fluide. Les pétales des fleurs sont toujours claires, car elles n'ont pas besoin de retenir la chaleur.

Les plantes à feuillage persistant, d'autre part, sont toujours d'un vert brillant, ce qui leur permet de refléter une partie de la lumière ; au travail toute l'année, elles ont besoin en effet de moins d'intensité électrique. Les plantes à feuillage caduc, sont toujours d'un vert mat absorbant toute chaleur, car, disparaissant chaque hiver, elles ont besoin de retenir toute l'intensité de la chaleur estivale.

La couleur verte est généralement l'indice que la feuille est sous la puissance électrique. Lorsque cette couleur disparait, c'est que la puissance calorique entre en action. La feuille se déssèche et devient *brune, indice de la combustion.*

☘

Notre théorie qui explique le phénomène de la végétation spontanée, serait encore insuffisante pour donner une idée complète du développement de la végétation en général avec ses innombrables variétés. Il nous faut maintenant exposer les lois de l'évolution des *espèces* et celles de la reproduction des *individus*.

Rien de ce qui vit n'est éternel. Tout ce qui possède une individualité, qu'elle soit minérale, comme les astres, végétale, comme les plantes, animale comme les êtres, est condamné à mourir.

Un jet d'eau peut paraître demeurer immobile, gardant constamment sa même forme, son même éclat. Et pourtant il est sans cesse renouvelé par une eau toujours nouvelle.

De même les cellules dans l'individu, de même les individus dans l'espèce.

Mais l'individu ne perd jamais le bénéfice des efforts qu'il a fait pour se développer et il laisse derrière lui d'autres individus qui *continuent ses efforts dans l'espèce.*

Une espèce se développe en proportion des efforts que doivent faire ses individus pour subsister. Elle se développe d'autant plus, (et toujours sur un unique cliché,) que ses individus ont dû accomplir d'efforts différents pour arriver à se maintenir vivants.

Une mousse, se reproduisant sans cesse, peut être transportée, par le véhicule de la graine, dans un milieu nouveau où elle devra, pour vivre, s'adapter à une nouvelle vie qui lui demandera plus d'efforts. Elle peut recommencer des milliers de fois. Et, comme la loi naturelle veut qu'aucun des efforts antérieurs ne soit perdu, tous les efforts accumulés *comptent dans le dernier individu,* qui se trouve ainsi pourvu d'autant d'organes et de caractéristiques que l'espèce a eu d'efforts à accomplir pour ne pas mourir. Le mot « espèce » est pris ici comme représentant le *pluriel absolu* du mot « individu ».

C'est ainsi que cette vulgaire mousse, si petite et si frêle, peut avoir été la souche d'un arbre magnifique et fort, qui ne conserve de son ancêtre que le principe même de la végétation.

Les espèces antérieures ne sont pas, d'autre part, remplacées par les nouvelles espèces. Aucune, à moins d'un accident général, ne disparait, car l'espèce est invariable autant qu'elle reste dans le milieu qui l'a formée. Les variétés qui découlent d'une espèce sont toujours le résultat du travail d'individus isolés lesquels, abandonnant le milieu commun, se sont trouvés dans un nouveau milieu d'une nature tellurique ou climatique différente, exigeant d'eux une nouvelle adaptation, et qui les a dotés, à la longue, de nouveau organes sous une différente apparence.

Les espèces s'accumulent donc, car elles sont immuables tant qu'elles demeurent dans leur milieu naturel. Elles se développent *par mutations,* comme une succession de cercles qui vont toujours s'élargissant, mais qui sont tous partis du centre commun. Elles se rattachent toutes entre elles et *demeurent toutes,* et si des lacunes peuvent s'observer qui empêchent de rattacher une espèce à une autre, c'est qu'un accident général est survenu détruisant une espèce dans son intégralité.

Nous avons vu par quel mécanisme fonctionne la plante, cette machine à solidifier l'azote. Il nous reste à approfondir, en dernier lieu, par quel « processus » la plante arrive à se reproduire indéfiniment, en donnant naissance à de nouveaux individus, identiques à elle-même.

Nous laisserons de côté les moyens rudimentaires de reproduction qui s'observent lorsque la vie végétale ne fait qu'émerger de la nature, et procède par *tâtonnements*. Nous aborderons de suite le moyen parfait de reproduction, la reproduction par la graine, qui est celui des espèces végétales définitivement fixées.

Il n'existe pas, à vrai dire, de sexes dans la végétation. Toute plante est « hermaphrodite », réunissant les deux genres, qui se trouvent toujours séparés bien distinctement dans le règne animal.

La fleur est le côté *mâle* de la plante. Elle représente la *partie physique*, l'apport du principe vital, du germe de vie qui féconde le fruit. Le fruit est le côté *femelle* de la plante. Il représente la *partie chimique*, l'apport des matériaux qui développent le germe de vie déposé en lui par la fleur.

☙

Les fleurs rejettent à un certain moment de l'année, par les anthères, une poudre jaunâtre que nous appelons *pollen*. Chaque grain de pollen est une cellule remplie d'un liquide consistant appelé *fovilla*, ou mieux *protoplasme*. La cellule, ici comme ailleurs dans la vie animale, est une miscroscopique sphère qui marque le recommencement de la vie organique.

A la sortie de la fleur cette cellule est identique, dans sa composition, à celles qui, intérieurement forment, par leur association, le corps de la plante. Mais son séjour à l'extérieur va la transformer.

Pendant les saisons chaudes se produit l'événement capital de la vie des plantes, le phénomène indispensable à la reproduction des individus végétaux ; l'orage.

A chaque coup de tonnerre, à chaque décharge électrique, la foudre est attirée vers tout ce qui émerge du sol, et l'éclair qui déchire les nues, vient féconder la terre. Les végétaux *sont tous frappés*, et celà avec d'autant plus de force qu'ils sont plus gros et qu'ils possèdent davantage de pointes, de même qu'une lampe électrique consomme d'autant plus de courant qu'elle est plus forte. Et le végétal attend cette manifestation électrique, parce qu'elle lui est nécessaire pour se reproduire.

Le grain de pollen, neutre à la sortie de la fleur, est fécondé par l'action des fluides. Les grains de pollen sont placés, sur les anthères, à l'extrémité des étamines. Or, nous savons que c'est toujours *par les pointes* que se réalise la synthèse électrique lors de la rencontre des fluides négatif et positif.

L'étamine est elle-même, au milieu de la fleur, la pointe la plus extrême de la plante, qu'entourent les pétales qui n'ont qu'un rôle de protection. C'est à cet endroit précis que le négatif du sol, montant le long des tiges, se rencontre dans la plante avec le positif de l'air. Les grains de pollen sont à ce moment le point de contact le plus exact entre les deux pôles.

C'est pour ainsi dire avec intention, que le végétal place au sommet des étamines ses grains de pollen.

Sous le choc de l'éclair, l'électricité agit dans le grain de pollen, et, solidifiant par contraction la matière gélatineuse, crée dans le centre du grain, une ramification comparable aux branches de l'éclair lui-même. Celà donne un nœud de filaments imprégnés d'électricité positive, qui n'est autre chose que l'embryon des racines futures. La matière gélatineuse du grain de pollen n'est que de l'azote (carbone), et de l'oxygène sous une forme liquide et nous savons, en effet, que l'électricité possède ce pouvoir de solidifier l'azote.

Par la suite, le grain de pollen fécondé retombe sur l'ovaire de la fleur, qui l'absorbe. Il va rejoindre les anciennes cellules, qui, elles, sont restées neutres. Ces cellules, négatives dans toute la plante, viennent alors, par aimantation, s'unir à la cellule fécondée et rendue positive, qui devient le centre, l'amorce de la graine qui va se former.

Il se produit à partir de ce moment, dans ce noyau de cellules, un phénomène bien connu en électricité sous le nom de galvano plastie. L'électricité, qui agit à tout moment dans la plante, projette sur cette infime sphère vivante, toutes les formes, tous les attributs de la plante mère qui se reproduit ainsi à l'état embryonnaire sur sa graine, sous une dimension microscopique il est vrai. La graine finit, à sa maturité, par posséder tous les organes de sa mère, mais qui ne pourront atteindre leur dimension normale que par le travail ultérieur de la végétation.

Nous verrons plus loin que le « développement » est le même dans la gestation animale, sous l'influence de la mémoire de l'espèce, vérifiant ainsi l'identité, que nous tâcherons d'établir, entre le fluide électrique et la mémoire des êtres.

L'ovaire de la fleur devient la pulpe du fruit ; l'ovule, le grain de pollen, devient la graine qui se recouvre bientôt d'une enveloppe isolante qui préservera son électricité. La fleur disparait, et l'oxygène du sol qui s'évaporait par les pores de ses pétales, est retenu dans l'ovaire pour former le fruit. Par le travail du fruit, une petite provision d'oxygène s'accumule dans la graine qui se trouve ainsi renfermer tous les éléments qui lui seront nécessaires pour son éclosion prochaine.

De plus, la graine, à sa germination, se trouvera avoir, autour d'elle, lorsque le fruit tombé commencera à pourrir dans le sol, une provision d'oxygène qui n'est autre que la pulpe même du fruit. La nouvelle plante, à sa naissance serait, en effet, trop faible pour absorber de suite l'oxygène solide du sol. Elle a besoin d'un oxygène tout préparé, en voie très avancée de gazéification, tout comme le nouveau-né a besoin de la nourriture facile qui est le lait.

La plante qui a formé la graine a donc été non seulement sa mère, mais aussi sa nourrice. Elle a préparé, en la pulpe du fruit, un oxygène facilement assimilable que les frêles racines de la nouvelle plante absorberont jusqu'à ce qu'elles soient devenues assez fortes pour absorber, directement, l'oxygène solide de la terre.

Une évolution analogue à la formation du fruit végétal se produit chez les animaux mammifères. L'oxygène évadé de la plante est représenté par les menstrues des femelles qui s'échappent tant que le fruit, le fœtus, n'est pas en formation. Lorsque la femelle est fécondée, le travail de l'organisme retient le flot qui devient nécessaire pour la création d'un nouvel être dans l'œuf.

♧

Nous venons de voir que la foudre est l'incident étranger et irrégulier qui vient, à chaque saison, accomplir l'acte de procréation de nouveaux êtres végétaux. Toute graine, issue d'une plante, ne serait pas féconde, si la nature extérieure ne venait à son aide. Le fluide normal d'une plante, serait insuffisant pour déposer dans ses graines, une provision quelconque d'électricité. La foudre est le fécondateur attendu qui vient suppléer à sa faiblesse.

L'âme des végétaux, l'électricité, est une âme collective, au contraire de l'âme des animaux, l'intelligence, qui est individuelle. L'acte de la reproduction végétale ne pouvait donc être que collectif, et c'est le phénomène de la foudre, visible ou non, qui l'accomplit.

♧

Lorsque l'électricité agit simplement sur les oxydes de la terre, la végétation, qui ne produit alors que les mousses ou les champignons, en est à sa genèse, mais lorsqu'elle agit sur les cellules du protoplasme qui deviendront des graines, le « processus » est plus délicat. Nous savons que les individus d'une espèce se reproduisent sans qu'aucun des efforts, accomplis par les individus qui les ont précédés dans l'espèce ne soit perdu. La graine contient donc, sous son infime volume, tous les efforts accumulés de son espèce, tous les organes particuliers de la plante mère, qui trouveront leur matérialisation, et qui s'affirmeront dans le végétal auquel elle donnera naissance.

La graine contient tout le passé de l'espèce qu'elle va réaliser dans la plante future. L'électricité apportée par le coup de foudre n'est pour elle que la force qui va donner à ce nouvel individu l'élan initial qui le lancera dans la vie.

La graine est isolée tant qu'elle reste sèche, avec son enveloppe intacte. Mais dès qu'elle est en terre et que l'humidité commence à l'imprégner, moisissant l'enveloppe, le principe isolant de cette enveloppe est détruit, parce que l'eau est bonne conductrice d'électricité.

L'électricité positive s'échappe de la graine, prend contact avec l'électricité négative du sol, et entrant de ce fait en action, volatilise l'oxygène contenu dans la graine, qui pousse à son tour hors de la graine les matières azotées, métalliques et siliceuses, qui s'y trouvent. C'est là le germe qui s'ouvre. Dès que le bourgeon est sorti, l'électricité du sol et de l'air, continue sans arrêt, le travail amorcé par cet infiniment petit. Les racines commencent leur travail d'absorption, d'abord de l'oxygène qui forme la pulpe du fruit qui contenait la graine, puis, de l'oxygène solide du sol, lequel en se gazéifiant, passe dans les tiges avec l'eau et pousse dans la plante du métal et de la silice. Puis, les feuilles, sous l'effluve électrique, fixent l'azote de l'atmosphère, qui se solidifie peu à peu et la plante se met à croître.

☙

La foudre, avons-nous dit, frappe un végétal avec d'autant plus de force qu'il est plus gros. Lorsqu'un arbre est en pleine vitalité, il soutient le choc sans faiblir. Lorsqu'un arbre est devenu vieux et qu'une partie de son corps s'est desséchée, la foudre le frappe toujours, bien entendu, en proportion du grand volume qu'il représente, mais le volume de l'arbre est devenu factice et il n'est plus en rapport avec sa vigueur. Le choc, trop fort pour lui, l'assomme et brûle ses parties sèches. Le vieil arbre est foudroyé.

La foudre, attirée par les pointes, agit avec plus de force sur les terres couvertes de végétation, là où les arbres sont en grand nombre. C'est l'influence des arbres qui attire l'électricité, qui est du reste indispensable à leur reproduction. Dans les déserts équatoriaux, dans les champs de glace du nord ou au-dessus des mers, les orages électriques sont plus rares. L'électricité ne se dirige que là où la nature a besoin d'elle.

☙

L'élément liquide est le plus favorable au développement des espèces animales, tandis que la matière gazeuse est l'élément roi des espèces végétales. La dose différente d'azote et d'hydrogène dans les deux mélanges en est la cause. C'est ainsi que les végétaux des mers n'atteignent jamais les proportions qu'atteignent facilement les végétaux de la terre. Les espèces animales, par contre, arrivent dans les mers à des tailles surprenantes que ne peuvent jamais atteindre dans l'élément aérien les espèces propres à cet élément : les insectes.

La matière végétale du fond des mers se forme de la même

manière que la matière végétale terrestre. Cependant l'eau est une combinaison, un corps simple, au contraire de l'air qui n'est qu'un mélange. La plante marine n'ayant besoin que d'hydrogène, il faut donc qu'une véritable décomposition de l'eau prenne place. Et cela se produit, en effet par l'action de l'électricité qui possède ce pouvoir de décomposer la matière liquide.

La plante marine, tout comme l'autre, est une pointe qui provoque, au prorata de sa propre dimension, la rencontre des fluides négatif et positif, fait qui donne naissance à de l'électricité. Cette électricité non seulement accompagne la vitalité de la plante, mais lui « fabrique » aussi la quantité exacte d'hydrogène dont elle a besoin pour respirer.

L'oxygène qui se dégage en même temps s'échappe de la mer pour aller se mélanger à l'azote atmosphérique. L'oxygène, quand il est solidifié (oxydes ou calcium), ne garde pas longtemps sa forme solide, car il est utilisé par la vie végétale. L'hydrogène solide (chlore ou sodium), au contraire, la garde indéfiniment à l'état de sel. La quantité d'oxygène atmosphérique est donc, pour une grande part, en équivalence quantitative avec le sel de la mer.

L'oxygène est frère de l'hydrogène et se comporte de la même façon que lui lorsqu'il est en présence des mêmes phénomènes, ce qui le différencie de l'azote.

C'est pourquoi, alors que les espèces animales et végétales terrestres, formées d'oxygène ou d'azote, ne semblent reliées par aucun lien commun, les espèces animales et végétales marines, formées d'oxygène ou d'hydrogène, passent tout au contraire, de l'une à l'autre sans présenter à aucun moment de solution de continuité.

☙

Nous avons vu que l'action de l'électricité dans la plante suffit à en assurer le fonctionnement végétal sans que de multiples organes : estomac, poumon, ou cerveau, ne viennent, comme dans l'animal, lui constituer un organisme minutieusement établi.

La plante, dans ses feuilles comme dans ses racines, dans sa forme, comme dans sa reproduction, est un phénomène purement électrique. L'électricité suffit à assurer cette calcination lente de l'oxygène solide de la terre qui est le point de départ de l'activité végétale.

Car le corps c'est la matière inférieure. L'esprit qui l'anime c'est la matière supérieure. Le corps animal ne peut vivre et se récréer sans inteligence, le corps végétal sans électricité. Lorsque le corps animal meurt, c'est que l'intelligence s'éteint ; quand le corps végétal meurt c'est que l'électricité s'en sépare ; quand le vent cesse de souffler, c'est que le froid et le chaud ne jouent plus entre eux.

✥

Le végétal est tout entier sensible. En fait il n'y a de sensible dans la vie que ce qui est de constitution électrique. C'est la contraction brusque de la chaleur solaire qui provoque dans toute la nature, dans les plantes, comme dans les êtres, l'antithèse de cette dilatation que nous avons vu tout à l'heure constituer la thèse « force » et qui n'est autre que le phénomène transmission où « sensibilité ».

La force physique, celle des courants et des mers, est une force brutale, dénuée de sensibilité, parce que l'électricité n'y parait point. La sensibilité des plantes est une sensibilité pure, sans aucune force car elle est toute électricité.

Nous ne pouvons facilement admettre cette extrême sensibilité des plantes parce que notre nature animale, de par son essence, nous incite à associer à cette sensibilité, notre faculté de volonté qui transforme la sensibilité *inconsciente* en sensibilité consciente ou perception.

L'âme électrique de la plante est de la sensibilité pure mais inconsciente, *imperceptive*, car la faculté de perception est l'apanage des êtres. Toutes les plantes sont sensibles autant et plus que les êtres, aux contingences naturelles, aux intempéries, à la chaleur, au froid, aux attouchements, aux attaques des insectes aux maladies et à tous les changements qu'entraîne la vie physique à la surface des globes.

Nous sommes enclins à penser que la vie actuelle, avec ses espèces, en est arrivée à une période de fixation, après avoir passé par une période de création.

Cette manière de voir est imputable à l'insignifiance de la vie individuelle, en regard de la Nature.

Non, il n'y pas eu de période qui vit les espèces jaillir de terre et se développer dans une effarante fécondité. La vie n'est jamais allée plus vite qu'aujourd'hui. Et de nouvelles énergies surgissent de la matière inerte à tout moment.

Mais, de même que nous avons, de par notre petitesse, l'illusion de vivre sur une surface plane avec le ciel toujours en haut, alors que nous vivons sur une boule démesurément grande pour nous, de même, nous ne pouvons voir la vie à sa création parce qu'elle commence à un degré si menu, si réduit, qu'elle est, à son point de départ, inaccessible à notre vision. Et nous pensons que la Terre et les espèces sont fixes parce que la période qu'embrasse notre histoire est si brève, en regard de l'éternité, que le changement qui s'opère sous nos yeux n'est pas perceptible.

Mais le globe se transforme continuellement par le travail des volcans, et les espèces évoluent sans trêve par elles-mêmes, car le repos n'existe que dans le Néant.

Nous venons d'étudier l'antithèse « transmission » dans son domaine végétal comme nous avions précédemment étudié la la thèse « force » dans son domaine minéral.

Nous allons maintenant aborder la dernière partie de notre ouvrage. Nous allons essayer d'unir cette thèse brutale « mouvement », à cette antithèse délicate « sensibilité » pour aboutir enfin à la connaissance, au jeu de la joie et de la douleur.

TROISIÈME PARTIE

(Biologie — Psychologie)

L'AME DES ÊTRES

(La synthèse : Perception)

Brahm, l'âme sacrée. — Ce qui naît de la fermentation. — La génération spontanée. — La perception, issue de l'équilibre. — L'apparition du système nerveux. — Identité, au départ, de la vie végétale ou animale. — La pile électrique animée. — Le principe calorique de l'animal. — Le cœur, foyer de la combustion dans l'être. — Le sang « carboné », et combustible. — Le sang oxygéné et comburant. — Le balancier de la vie. — La sensibilité devient mémoire. — La force devient volonté. — Les expressions réflexes et les expressions réfléchies. — Le corps, l'esprit et l'âme. — La formation des espèces. — Le mollusque et l'insecte. — La fortune des vertébrés. — La matière, expression visible de l'esprit caché. — Les espèces sont des accumulations de faits. — Les écheveaux d'illusions. — L'erreur et le mal sont des chimères matérialisées. — L'espèce est le tyran de l'individu. — L'action de l'esprit règle la durée du corps. — Le jeu des clichés. — La juxtaposition des contraires. — Le mâle expression de volonté. — La femelle expression de mémoire. — La galvanoplastie animale. — La vie n'est qu'un cercle éternel. — La volonté, produit de la chaleur. — La mémoire, produit de l'électricité. — La physiologie des sensations. — Le mécanisme psychologique. — Passé contre futur. — La volonté-joie et la mémoire-douleur. — La griserie des passions. — Les joies s'étayent sur les douleurs. — L'unité de la mort et la multiplicité de la vie. — Ce que l'on veut et ce que l'on subit. — Le désir de la reproduction. — L'horreur de la disparition. — L'homme est la matière qui prend conscience d'elle-même. —

L'animation nait de la fermentation, comme nous avons vu la végétation naître de l'oxydation.

Lorsque la plante meurt, son tronc, ses feuilles, ses fruits s'effondrent sur le sol, et ne subissent plus l'action de l'électricité naturelle. La matière végétale se dissocie parce que le principe électrique, qui la maintenait, est détruit. Et cette matière en dissociation retombe sous les lois qui régissent la matière minérale et subit l'action de la chaleur ambiante.

Cette chaleur incite l'azote solide (carbone), à retourner à la forme gazeuse et provoque, en ce faisant, sur les débris végétaux, une combustion lente que nous appelons fermentation. L'azote solide, en se gazéifiant, passe par la forme liquide et forme de minuscules vésicules gélatineuses, où l'animal prend naissance sous la forme la plus infime de l'animalité : la bactérie, le microbe.

C'est ici que l'âme de la vie organique cesse d'être collective, comme elle l'est dans les plantes par l'électricité, pour devenir individuelle, comme elle le devient dans les êtres, par l'intelligence.

L'apparence entière de la matière vivante, qui n'a qu'un semblant de symétrie dans la plante, va devenir d'une symétrie parfaite dans l'animal. Au principe *sensibilité*, qui est celui des végétaux, va s'ajouter un autre principe : celui de *volonté*, et leur union va nous donner la synthèse *perception*.

La matière vivante, fixée au sol lorsqu'elle n'était que sensible et sans volonté, dépendant en entier du fluide électrique qui doit venir à elle, va s'affranchir de toute attache, et, emportant avec elle son âme individuelle, l'intelligence, va pouvoir se déplacer, se mouvoir à son gré dans tous les sens. C'est là le règne animal qui commence.

♣

L'action de la fermentation transforme donc la matière végétale en petites cellules gélatineuses imperceptibles, semblables en tous points aux vésicules qui composent le pollen des plantes. Mais, au contraire de ces dernières, ces cellules sont, du fait de la fermentation, douées de chaleur, et c'est ce simple fait qui, à l'entrée dans la vie, marque la différence entre le règne végétal et le règne animal.

Les cellules qui composent le pollen végétal, et les ovules où l'animal est procréé, ne présentent, au début de leur évolution, aucune différence, sinon cette caractéristique de chaleur, mais cette différence est capitale pour leur évolution.

Nous constaterons tout d'abord, que toute manifestation d'électricité, quelle que soit son importance, se produit d'une manière *identique* dans toute la nature, de la même façon que chaque goutte d'eau est identique à la mer.

La chaleur, s'attaquant à cet infiniment petit, la cellule, ne peut la dilater. Il se produit à nouveau, sous un infime degré, le même phénomène qui se produit dans l'atmosphère avec la foudre.

La chaleur, pour se dépenser en force, se contracte, fait retour sur elle-même et se change en électricité positive. Cette électricité se matérialise, dans la cellule, en un sillage comparable à celui de l'éclair ou aux racines des plantes. Ce sillage se solidifie en ramifications, de la même manière que, dans l'air, l'azote se solidifie en carbone et l'oxygène en soufre, lorsque éclate le tonnerre. Mais cette fois le phénomène est seulement électrique et non accompagné de combustion vive comme dans l'éclair. C'est donc l'azote seul de la cellule qui se solidifie.

Cette ramification, si ténue, imperceptible au microscope, est *l'embryon du système nerveux* de l'animal à naître. Et la chaleur, qui sera continuellement retenue dans le corps animal, et la force dégagée de la circulation du sang, se transformeront sans cesse en électricité, par les principes déjà exposés au précédent chapitre, dans cet accumulateur naturel que représente le système nerveux des animaux.

⚜

Dans la cellule que nous trouvions dans le pollen du végétal le problème de la génération était résolu par une cause extérieure. Là le coup de foudre atmosphérique était nécessaire pour donner de la vie à cette cellule, car, dénuée de chaleur, aucune électricité ne pouvait s'y former d'elle-même. Le coup de foudre, en se répercutant dans la cellule, y formait également un foyer matériel de nervures, imprégné de fluide positif, embryon des racines futures.

Mais la cellule animale doit évoluer par ses propres moyens. Et c'est par l'action de cette chaleur douce qui est autour d'elle que son électricité se forme, se développe et la rend indépendante de tout phénomène étranger.

Le système nerveux des animaux, toutefois, n'est qu'un accumulateur de fluide *positif*. Pour que l'électricité puisse agir en en lui, il lui est nécessaire de trouver sa contre-partie : le fluide *négatif*. Ce négatif se trouve, à tout moment, dans tout le corps animal, sauf, bien entendu, dans le système nerveux lui-même. Le corps animal le prend au contact de la terre, qui en est une inépuisable réserve.

Les êtres, comme les plantes, sont toujours aqueux, donc bons conducteurs. Le fluide négatif peut circuler librement en eux et se maintenir toujours d'une égale puissance, passive du reste, puisqu'il ne peut s'affirmer qu'en proportion de la quantité de positif qu'il rencontre.

Le fluide négatif évolue dans le corps animal conjointement au fluide positif sans que les deux ne puissent se rencontrer autrement que par le jeu des sensations. En effet, quoique la chaleur du corps soit la source du fluide positif, cette chaleur ne devient fluide que lorsque la contraction la précipite dans les nerfs. A ce moment, où elle pourrait se heurter au fluide négatif, elle est séparée de lui par un isolant : la névrilème, membrane neutre qui recouvre de toutes parts les nerfs et le cerveau.

Le corps animal est ainsi doté d'une machine à sensations d'une sensibilité extrême, constituée par un système de nerfs positifs, prenant contact à tout moment, par points déterminés, à la suite de chocs, d'attouchements ou pour tout autre cause, à travers la névrilème, avec le fluide négatif du corps et transmettant instantanément au cerveau les incidents corporels pour les enregistrer à la mémoire.

Le corps animal se trouve donc être, à ce point de vue, une véritable pile électrique dont le fonctionnement est assuré par le libre jeu des deux courants.

Nous comprenons, dès maintenant, que la chaleur, qui seule provoquait le mouvement, la vie, dans le monde minéral ; et l'électricité, qui seule provoquait la vie dans le monde végétal, viennent s'unir dans cette nouvelle proposition : l'animalité.

Pour ramener cette théorie à une simple définition, nous pouvons établir que toute cellule contenant de l'azote sous une forme gélatineuse et capable d'accumuler de la chaleur conjointement à de l'électricité, devient *perceptive*, parce qu'elle crée, dès ce moment, une synthèse issue des deux principes : chaleur et électricité.

Cette synthèse c'est *l'intelligence*, qui donne naissance, par le jeu des sensations, à un organisme complet, rudimentaire à son début, mais portant en lui de par la loi de l'accumulation des efforts, une possibilité de développement illimitée, tant qu'il réussira à se préserver.

☙

L'animal, quel que soit son degré de développement, possède toujours le même principe vital, la même conformation physiologique principale, depuis l'infime bactérie jusqu'au colossal mammifère.

La vie animale, comme la vie végétale, est partie du même point. Elle se retrouve au même point à chaque départ d'une génération nouvelle. A chaque fécondation et pendant sa période de gestation, l'animal, quel qu'il soit, revit toutes les phases de ses transformations antérieures à travers les espèces, passant de l'animalcule invisible qui s'agite dans le sperme fécondant, à l'être parfait de son espèce qu'il est déjà quand il éclot. Les ovules végétaux ou *graines*, ne doivent pas se reconnaître, *à l'origine*, des ovules animaux, ou *œufs*.

☙

Nous avons dit que la vie de la plante était un phénomène purement *électrique*. La vie physiologique de l'animal, par contre, est un phénomène purement *calorique*.

Le principe moteur de la plante est fourni par le travail de *l'oxygène solide* qui se gazéifie sous l'action d'une calcination lente par l'électricité, tandis que le principe moteur de l'animal est fourni par le travail de *l'azote solide* qui se gazéifie sous l'action d'une combustion lente : la digestion.

La chaleur est absolument indispensable à la vie d'un être. Elle est la source de sa force, et, de plus, la transformation de cette chaleur en fluide électrique est la source de sa sensibilité. La disparition de la chaleur marque l'arrêt de la vitalité.

Tant que l'être est en état de gestation, il a besoin d'une chaleur étrangère. C'est sa mère qui la lui fournit. Dans l'œuf, l'être, non encore formé, reçoit par l'incubation, la chaleur qui lui est nécessaire. Cette chaleur, s'accumulant en lui et se contractant sans cesse en fluide électrique, développe son système nerveux par une lente solidification de la matière centrale. En un mot, l'œuvre amorcée lors de la fécondation de la vésicule est lentement, et de la même manière, continuée par le travail de l'incubation.

A sa naissance l'être doit posséder, en plus d'un système nerveux, un organisme complet et doit être immédiatement en mesure de « fabriquer » sa chaleur lui-même. C'est là que se place le commencement des fonctions nutritives.

L'animal, sortant de l'œuf, cherche immédiatement une nourriture, qui doit être pour lui de la matière végétale ou animale, mais surtout de *l'azote non gazeux*. L'absorption de cette matière est suivie du phénomène de la digestion. La digestion est une combustion lente qui restitue l'azote à la forme gazeuse et le rejette principalement sous forme de matière fécale, qui n'est que de l'azote *en voie de gazéification*.

Le travail de digestion des animaux correspond, dans les végétaux, au travail fourni par les racines. L'azote solidifié, en se regazéifiant, devient une source d'activité et disparait sans presque laisser de traces dans l'organisme.

Le corps animal, déduction faite de l'eau, est surtout composé d'oxygène solidifié, (phosphore), auquel s'adjoint du métal et de la silice, (calcium). L'azote solidifié (carbone), n'existe presque pas en lui. Cette combustion, provoquée par la gazéification de l'azote, est incomplète du reste, et ne lui apporte pas toute la matière dont il est composé. La combustion, commencée par la *digestion*, se complète donc par la *respiration*, et le produit de cette combustion ne sera pas cette fois de la cendre, mais de la chair et des os.

La respiration, chez les animaux, est un autre phénomène calorique, puisque c'est le passage de l'oxygène de la forme gazeuse à la forme solide. C'est par les poumons de l'animal que l'oxygène se transforme en globules du sang, lesquels, se coagulant dans les tissus, et se mélangeant aux molécules de métal et de silice, viennent former le calcium de la chair et des os, et donnent naissance au phosphore. C'est le phosphore qui, entr'autres, rend possible, dans l'animal, l'apparition d'un système visuel.

Les poumons et les pores de la peau, qui assimilent l'oxygène et rejettent l'azote, sous forme d'acide carbonique, jouent ici le même rôle, quoique renversé, que les feuilles dans la plante. C'est par ces canaux que les gaz qui composent la matière animale viennent se solidifier.

La nutrition est la principale source de chaleur pour l'animal. Plus un animal doit dépenser de force, plus il doit absorber de nourriture. Cette force, qu'il acquiert par la digestion, accélère le travail des poumons qui accumulent l'oxygène au prorata de l'azote gazéifié, et développe, au début de son existence, son état physiologique.

☙

On conçoit que l'absorption de l'azote nécessite une mastication et une digestion assez compliquées, car c'est sous une forme *solide* et volumineuse qu'il doit être absorbé.

L'absorption de l'oxygène sous forme de gaz ne demande qu'un travail d'assimilation bien plus simple, exécuté continuellement et sans effort par les organes respiratoires.

La nourriture de l'animal doit être composée d'azote solide, inassimilable, qui n'est destiné qu'à lui fournir, par la combustion que représente la digestion, la quantité de chaleur nécessaire à l'entretien de sa force ; ou d'oxygène *en voie de gazéification*, et combiné à de l'azote (fruits, graines, viande etc...), substance assimilable qui devient les globules du sang qui formeront la chair et les os.

L'ingéniosité de la nature fait que l'animal s'accommode de cet oxygène gazéifié par la plante sous forme de fruits ou de graines, tandis que le végétal s'accommode de son côté de cet azote gazéifié par l'animal et rejeté par lui sous forme d'engrais.

Cet oxygène, en voie de gazéification, dont se nourrit l'animal, ne doit pas être considéré comme de l'oxygène solide, mais bien comme un gaz qui revient se solidifier dans l'être par le canal de son estomac. Le phénomène calorique, en effet, ne peut que solidifier l'oxygène gazeux, gazéifié, dans la plante, par l'action électrique, sous forme de fruits ou de graines.

Les matières azotées qui entrent pour une grande part dans la composition de l'engrais, sont également de l'azote préalablement solide, que la combustion lente de la digestion, ou la fermentation, a rendu à la forme gazeuse et que le végétal absorbe par les racines pour le solidifier à nouveau.

Les êtres ne pourraient donc pas exister sans les plantes, car les plantes leur apportent ce carbone, (azote solide), lequel, en se gazéifiant en eux, provoque sa contre-partie, la solidification de l'oxygène, que nous retrouvons à chaque combustion, qu'elle soit vive, comme dans la flamme, ou lente comme dans la respiration.

La source de la force, dans le corps animal, est dans sa chaleur. Sa chaleur est produite par une combustion lente et incessante, qui s'amorce à l'estomac d'une part, par l'absorption de l'azote solide, qui devient le sang veineux, imprégné de carbone et *combustible* ; et d'autre part aux poumons, par l'absorption de l'oxygène gazeux, qui devient le sang artériel, imprégné d'oxygène et *comburant*, pour aboutir au cœur, régulateur et *foyer de cette combustion*. Le degré spécifique de chaleur du corps animal tout entier est donc réglé par le fonctionnement du cœur, grand balancier de la vie.

Combustible, dans ce sens, correspond à comestible. L'alcool, le sucre, la graisse, les matières solides azotées ou carboniques, sont comestibles, *parce que combustibles*. L'eau, qui est une matière sous sa forme normale, ne renferme aucune force antérieure ; elle ne saurait être combustible et ne peut nourrir.

C'est au cœur, véritable cylindre de machine, que la *chaleur*, provoquée par le jeu d'échange des gaz, se transforme, par dilatation dans les ventricules, en *force*, qui chasse, à chaque pulsation, le sang dans les artères. Et si l'on pouvait totaliser toutes les unités de force que représente chaque artère, on arriverait à une énergie accumulée dans le corps dépassant de beaucoup celle que peut déployer l'animal lui-même.

La circulation du sang représente, dans l'ensemble, *une force constante comparable au volant pesant d'une machine*, force dont l'animal peut disposer, et qu'il peut concentrer, «brancher», pour ainsi dire, par le jeu de sa volonté, sur une action quelconque.

Le cœur, foyer du système sanguin, est donc aussi *le siège de la force* de l'animal, de la même façon que le cerveau, foyer du système nerveux, est *le siège de sa sensibilité*.

L'être animé, qui est le produit le plus avancé de la matière terrestre, est un composé de tous les principes de vie qui se sont affirmés avant lui. C'est ainsi que le premier principe de vie, *le feu*, existe en lui, développant la force, jusque-là inconsciente, de l'organisme. Cette force, c'est la chaleur organique, qui est un état atténué de la flamme, et qui est produite, comme nous venons de le voir, par une respiration et une digestion continues, le faisant vivre, il est vrai, aussi «mécaniquement» que la plante qui respire par ses feuilles et digère par ses racines.

La chaleur dans l'être est de la *force continuelle*, à l'état inconscient, ou brut.

L'être contient, en second lieu, le deuxième principe de vie qui est le fluide électrique. Cette électricité, qui est toujours l'indice de la vie dans la matière organique, est un courant extrêmement réduit et peut-être inférieur, dans la plante comme dans l'être, à la millième, la dix-millième ou la cent-millième partie d'un ampère.

Un courant électrique puissant n'entretient plus la vie. Il est destructif, dans ses effets, comme un coup de tonnerre.

L'antithèse *électricité*, qui vient, dans le corps animal, s'unir à la thèse *feu*, va nous donner une synthèse qui est *l'intelligence.*

Le fluide positif des corps animés est entièrement confiné au système nerveux, alors que la chaleur existe dans tout l'organisme. Des ramifications de s courent dans le corps des êtres pour aboutir au cerveau, récepteur de toutes les sensations enregistrées par les nerfs. Lorsque, par suite d'un mouvement, d'un effort, un nerf, imprégné, comme nous le savons, de fluide positif, se met à communiquer avec le négatif du corps à travers la névrilème, qui s'écarte plus ou moins sous la violence de l'attouchement, la rencontre des deux fluides fait que le cerveau est immédiatement informé, dans la case correspondante à l'endroit touché. Ce contact, lorsqu'il est naturel, est très atténué et ne fait, pour ainsi dire, qu'avertir le cerveau. Lorsque, par suite d'une détérioration, d'un accident, le contact se produit brutalement, la transmission du courant au cerveau devient trop forte. C'est la douleur.

Une douleur constante dans l'organisme est provoquée par le fluide positif qui s'échappe d'un nerf détérioré, dans une synthétisation continue avec le fluide négatif du corps.

Tout nerf dont le courant est tari, (épuisé, coupé, ou pour une cause quelconque), *est mort*, et demeure donc insensible à tout incident extérieur.

Nous avons déjà expliqué que l'électricité animale se forme, comme tout autre électricité naturelle, par la contraction de la *chaleur* du corps, ou de la *force* de circulation du sang, faits qui se portent exclusivement sur les nerfs et les conservent sans cesse électrisés.

Nous savons donc que le système nerveux, dont le fluide électrique est l'âme, donne à l'être la *sensibilité*, comme la chaleur lui donne la *force*. Cette électricité, non gouvernée encore, est de la *sensibilité continuelle*, à l'état inconscient ou brut.

Le corps animal est une synthèse, constituée par l'union de la thèse *force*, à l'antithèse *sensibilité*. Cette synthèse, c'est la conscience, ou *perception*.

L'union de cette partie de chaleur-force, à cette partie de fluide-sensibilité donne naissance à un tout conscient qui est la *personnalité*, c'est-à-dire toute la synthèse universelle, réalisée dans chaque individu ; chaque individu quelle que soit sa forme ou sa dimension, de la même manière que chaque débris d'un miroir brisé, reflète exactement la même image que reflétait le miroir entier.

Par cette union, cette force brute, avertie à chaque pas par la sensibilité, devient force consciente, c'est-à-dire *volonté* ; cette sensibilité brute, au service de la volonté, devient sensibilité consciente, c'est-à-dire *mémoire*. Cet accouplement de la volonté à la mémoire fait *l'intelligence*. Tant que cette synthèse vivante est peu développée, elle s'appelle *l'instinct* des animaux ; quand elle grandit elle s'appelle *l'âme, la pensée humaine*.

Les nerfs qui courent dans le corps animal sont composés de deux filaments, l'un gris, l'autre blanc. Le fluide qui traverse l'un se dirige de l'extérieur à l'intérieur ; de l'épiderme au cerveau. C'est celui qui sert à l'enregistrement des sensations. Le fluide qui traverse l'autre se dirige de l'intérieur à l'extérieur; du cerveau à l'épiderme. C'est celui qui sert à la distribution du mouvement.

Le premier est de la sensibilité pure, irraisonnée, analogue à la sensibilité des plantes. Il convoie au cerveau toutes les impressions du dehors qui vont informer la perception, l'intelligence.

Le second est de la sensibilité accouplée à de la force, c'est-à-dire de la volonté raisonnée. Il convoie à l'organisme tous les ordres de l'intelligence.

Il semblerait donc que ce premier filament ait besoin, pour agir, d'aller prendre les ordres du chef, de la volonté centrale de l'organisme. Cette action réfléchie qui a lieu à ce moment, est le produit d'une synthèse, qui n'existe que dans l'animal.

La sensibilité pure, inconsciente, a besoin d'aller s'allier par le cerveau à la force de l'organisme pour devenir consciente et agissante. Toute sensation est donc double; inconsciente d'abord avec le premier filament qui s'élance au siège de l'intelligence, transformée ensuite avec le second qui revient avec la connaissance du mouvement et la force pour l'exécuter.

L'être vivant est bien un composé des trois principes spirituels qui, pour s'affirmer, sont forcés de s'exprimer par la matière.

En premier lieu, *la chaleur*, dont la matérialisation est représentée par le *corps tout entier*, de la même façon que, dans la nature, chaque matière est la réalisation du degré de chaleur qui la créa.

La matière qui compose le corps animal est donc l'équivalent matériel du degré de sa chaleur spécifique. Quand ce degré disparait, le corps se dissocie.

L'animal représente une force en proportion de la quantité de chaleur que son degré spécifique et sa dimension lui font atteindre. Cette chaleur se transforme en force par le jeu de la volonté qui dirige cette force sur l'effort à accomplir.

♣

En second lieu : *le fluide électrique*, dont la matérialisation est représentée par l'ensemble du système nerveux.

Le système nerveux est une sensibilité pure, inconsciente, la même que nous avons vu constituer le principe vital de la plante.

Dans le corps animal comme dans le végétal, elle ne fait que sentir sans s'exprimer. Elle ne peut donner que des *expressions réflexes* qui sont les mouvements involontaires : tremblements, frissons, battements de cils, etc...

La sensibilité existe dans le corps *au détriment de la force*: Et plus l'effort à accomplir est grand, plus la sensibilité s'efface.

C'est que le fluide électrique des nerfs a sa source dans la chaleur du corps. Il se renforce en raison de la chaleur qu'il absorbe.

♣

En troisième et dernier lieu : *l'intelligence*, dont la matérialisation est représentée par le cerveau, siège de toutes les perceptions apportées par les divers organes et ordonnateur des *expressions réfléchies* : les mouvements volontaires.

Cette dernière proposition réalise la synthèse des deux précédentes et les trois forment une succession qui pourrait s'appeler: le corps, l'esprit, et l'âme.

♣

L'âme d'un être ne réside pas seulement dans son cerveau. Elle existe dans tout l'organisme et est constituée par tout ce qui est en lui *invisible*, au contraire du corps qui est constitué par tout ce qui est *visible*. Cette partie invisible et spirituelle de l'être n'est autre que sa chaleur et son électricité physiologiques combinées. Mais c'est par le cerveau, il est vrai, que se fait la combinaison des deux principes.

Car l'esprit a toujours besoin de la matière pour s'affirmer. Lorsque le principe chaleur se fixe, ce ne peut être que sous la forme où la chaleur se matérialise : la matière minérale. Partout où s'étend de la végétation, c'est de l'électricité qui se disperse sous la forme où elle peut se matérialiser : la matière végétale. Et partout où s'étend de l'animation, microbienne ou autre, c'est de l'intelligence qui se répand sous la forme où elle peut se matérialiser : la matière animale.

☙

Certes, la pensée humaine est immense mais la vie individuelle est d'une insignifiance effrayante.

Sortis du même principe qui fait la foudre, éclairs éphémères eux-mêmes, plantes et êtres n'ont guère plus de durée dans l'éternité, dans l'espace, qu'un beau zig-zag de feu d'un soir d'orage.

☙

Le corps animal est semblable, en principe, à l'astre qui gravite dans l'univers. Tout comme lui, il possède, pour ce qui l'entoure une puissance de répulsion. C'est sa sensibilité, sa mémoire. Tout comme lui, il possède une puissance d'attraction. C'est sa force, sa volonté.

Sa sensibilité est pour lui une puissance qui résiste à la masse ambiante des corps qui travaillent à sa destruction. Sa force, sa volonté, est une puissance qui impose sa personnalité à la masse qui l'entoure et qui attire les autres corps pour subvenir à ses besoins en proportion de son importance.

Sa force et sa sensibilité sont inséparables, de même que toute loi d'attraction implique une loi de répulsion. Et lorsque sa chaleur s'éteint, son fluide électrique disparait et sa force et sa sensibilité sont détruites. Le corps matériel, que l'esprit maintenait en cohésion, devient sans force pour résister dans son homogénéité aux forces qui l'entourent.

La chaleur et le fluide qui animaient l'être vivant, étaient l'essence de lui-même, et le corps n'en était que le reflet matériel. Le corps animal, abandonné à lui-même, se décompose donc pour s'incorporer à d'autres corps et contribuer à d'autres forces. Et autant l'évolution de l'être avait été longue et laborieuse, autant la décomposition est rapide et presque instantanée si on la compare à la longueur de la vie qui vient de s'éteindre.

Ce qui fait que les animaux se différencient en d'innombrables espèces, c'est que, comme les végétaux, ils sont en butte à des difficultés continuelles avant d'atteindre un milieu favorable à leur existence. Et les individus, chassés du milieu commun où l'espèce s'est acclimatée, doivent, pour s'adapter à de nouvelles conditions, acquérir de nouveaux organes. La loi d'évolution des espèces est la même pour tous, pour les animaux comme pour les végétaux.

Nous avons dit que la vie animale, comme la vie végétale, est partie du même point. Mais *ce point est double* dans la vie animale parce que le milieu où elle commence est terrestre d'une part, marin de l'autre.

Lorsque l'animal apparait lors de la décomposition de la matière végétale terrestre (azote), c'est invariablement sous la forme de *l'insecte*. Lors de la décomposition de la matière végétale marine (hydrogène), c'est invariablement sous la forme du *mollusque*.

Emané de la solidification de l'oxygène, l'animal peut bien plus facilement se développer dans l'eau, qui en contient beaucoup plus, que dans l'air. Aussi sa carapace, sa coquille, peuvent, dans l'eau, devenir énormes, alors que dans l'air, chez les insectes, elles ne sont jamais que de minces armatures.

D'autre part, dans l'eau, les animaux se meuvent dans tous les sens, sans effort. Dans l'air, au contraire, l'animal rampe, collé par son poids à la terre ou, s'il vole, c'est par un effort terrible qui l'use avec rapidité.

La mer, l'élément liquide, a paru sur la Terre bien avant l'air, l'élément gazeux. Les animaux ont eu, de ce fait, beaucoup plus de temps pour évoluer dans la mer que dans l'air. La mer avait donc, à l'apparition de l'azote, des espèces d'animaux dont l'évolution était déjà trés avancée. C'est ce qui contribuera à nous expliquer, plus loin, l'extraordinaire fortune des vertébrés.

Les insectes et les mollusques ne sont pas les seules grandes familles animales de notre globe, mais elles sont les familles originelles d'où les autres sont sorties.

Les individus qui, abandonnant le milieu commun aux mollusques, l'eau, s'aventurèrent dans l'élément aérien, durent s'adapter à ce nouvel élément, *moins favorable* à leur développement. Leurs dimensions s'en ressentirent et les espèces terrestres dont ils furent la souche, virent leur coquille devenir plus fragile ou disparaitre. Ce furent les *mollusques terrestres*, dont les escargots et les limaces, sont les représentants les plus communs.

Les individus qui, abandonnant le milieu commun aux insectes, l'air, s'aventurèrent dans l'élément liquide, durent s'adapter à ce nouvel élément, *plus favorable* à leur développement. Ils furent la souche de nouvelles espèces marines, qui gardèrent du reste toutes les caractéristiques de l'insecte, mais dans une enveloppe plus dure et avec des proportions bien supérieures aux insectes terrestres. Des espèces d'araignées se muèrent en crabes, des scorpions en homards, des quantités d'insectes, enfin, se métamorphosèrent et composèrent la grande famille des *crustacés*, ou *insectes marins*.

Ce changement d'élément qui fut possible pour les animaux, ne le fut jamais pour les végétaux. C'est que le végétal terrestre est un composé d'azote, alors que le végétal marin est un composé d'hydrogène. L'animal, par contre, terrestre ou marin est un composé d'oxygène. Les individus qui quittèrent le milieu marin pour le milieu terrestre, ne firent que passer de l'oxygène de l'eau à l'oxygène de l'air et réciproquement. L'électricité du système nerveux, dans les animaux, suffit à décomposer l'eau et en retirer l'oxygène nécessaire à leur respiration.

Mais il est une troisième famille animale, la plus remarquable du reste, et dont les origines sont obscures. C'est la grande famille des vertébrés. Les vertébrés ont comme caractéristique principale une ossature *intérieure*, les vertèbres, qui donnent à l'animal une agilité et une souplesse étonnantes. Le vertébré, sous toutes ses diverses formes, présente une bouche *dentée* ou un bec, une queue et quatre membres, ou embryons de queue ou de membres. Ces membres peuvent indifféremment devenir nageoires, ailes, pattes, bras ou jambes.

Le vertébré, comme les autres familles animales, vit dans les deux éléments. Poisson, il pullule dans les mers, atteignant des dimensions colossales. Reptile, il grouille dans les marais ou les rivières. Oiseau, il niche dans les arbres ou aux abords des mers. Il est le roi de l'élément aérien comme de l'élément liquide. Mammifère, enfin, il peuple tous les pays et tous les climats, sous les formes les plus diverses, minuscules ou énormes.

Le vertébré est sorti de la mer. Sous sa forme la plus rudimentaire, le vertébré fut poisson ; plus tard, s'habituant à la vie aérienne, il devint amphibie, puis reptile, puis oiseau, enfin mammifère, selon les exigences du nouveau terrain qu'il adopta.

Mais ces métamorphoses furent toujours dûes au fait d'individus, de couples isolés, qui abandonnèrent le milieu commun. Les espèces acclimatées, vivant en groupes, subsistèrent sous la même forme, parce qu'elles n'abandonnèrent jamais le milieu primitif. Les individus qui, s'évadant de l'espèce, se transformèrent, furent la souche d'espèces qui devinrent de plus en plus *spécialisées* dans leur structure, parce que le milieu se *localisait* de plus en plus pour eux.

Et la matière qui compose les espèces vivantes, en se compliquant de plus en plus, engendra une faune de plus en plus diversifiée, par le fait de l'accumulation des espèces, qui se multiplièrent sans arrêt.

C'est dans les vertébrés que les métamorphoses furent les plus nombreuses et les plus surprenantes. La souplesse que conférait à ces animaux leur système de vertèbres, suffirait peut-être à expliquer l'étonnante évolution, la merveilleuse *fortune des vertébrés*.

☙

Dans le zig-zag d'un éclair, ou dans les méandres d'une rivière, la manifestation de la vie est *inconsciente et insensible*. Aussi la forme même de l'éclair ou de la rivière, est-elle le fait du hasard, c'est-à-dire le fait du déséquilibre des forces ambiantes de la nature traversée.

Dans le phénomène de la végétation, la manifestation de la vie est *inconsciente mais sensible*. Aussi la forme des végétaux est-elle le produit d'une succession de sensations accumulées dans l'espèce à travers le temps.

Enfin, dans le phénomène de l'animalité, la manifestation de la vie est *sensible et consciente*. Aussi la forme des animaux est-elle le produit, non seulement des sensations accumulées dans l'espèce, mais aussi des aspirations de cette même espèce qui a modifié son apparence selon sa volonté.

En conséquence, l'éclair ou la rivière, réalisations physiques, seront d'une forme non définie. L'arbre, réalisation végétale, sera d'une forme façonnée par les événements, les sensations successives. Enfin le vertébré, le mollusque ou l'insecte, réalisations animales, seront d'une forme façonnée par les sensations d'abord, par les désirs ensuite, lesquels, dans l'être vivant, modifient les sensations.

✥

Il y a, dans ces deux réalisations organiques, qui sont le végétal et l'animal, une différence capitale.

Le végétal est une matérialisation de sensibilité pure, alors que l'animal est une matérialisation de sensibilité à laquelle s'allie une matérialisation de volonté.

Le végétal est toujours d'une uniformité de structure frappante, malgré l'aspect différent de chaque espèce. Une espèce d'herbe ou d'arbre diffère peu d'une autre. C'est toujours une tige centrale, des rameaux, des feuilles, des fleurs. La couleur de la feuille est uniformément verte, la fleur formée de pétales qui ne varient guère dans le principe.

Dans l'animal, au contraire, mollusque, insecte ou vertébré, presque chaque espèce a un système original de vie et de structure, des organes spéciaux et les différences qui les séparent sont effarantes. Des organes intérieurs ou extérieurs apparaissent ou disparaissent d'une espèce à l'autre, dans une incroyable fantaisie.

C'est que, dans l'animal, la volonté vient compliquer l'impulsion déjà donnée par la sensation. A la simplicité des sensations, qui guide la floraison végétale, vient s'ajouter la complexité des désirs. A la presque uniformité de la sensibilité végétale vient s'opposer la diversité des perceptions animales.

♣

La matière minérale est l'image exacte du degré de fusion qui la fit naître comme la matière vivante, végétale ou animale est l'image matérielle de l'esprit qui l'a créée. Les plantes sont le produit de l'électricité. C'est de l'électricité « matérialisée ». Et chaque animal est l'image matérielle de l'intelligence qui l'a faite par le jeu infini de la volonté et de la mémoire ; par la somme de joie et de douleur qui, accumulée dans l'espèce, a fini par donner à l'être son apparence.

L'enveloppe matérielle épouse les contours de l'idéal de l'âme. Le corps agile et terrifiant du tigre est bien l'idéal de son esprit invisible matérialisé par la vie. Les corps de l'homme et de la femme sont bien l'idéal matériel que l'espèce a *senti* et *voulu*.

Car l'espèce, l'âme de la masse, fait le corps de l'individu à l'image de ses sensations et de ses désirs.

Le corps vivant, l'enveloppe visible de l'être, n'est qu'un effet de la matérialisation de la volonté et de la mémoire de son espèce. Le corps n'existe que comme une collection de faits accumulés, qui ont été **sentis** *au cours de l'évolution extérieure* ; **voulus** *au cours de l'évolution intérieure*. A un certain point de vue, il ne serait plus qu'un tissu d'impressions et de caprices, un véritable écheveau d'illusions.

C'est ainsi que la matière, lorsqu'elle est approfondie, ne découvre qu'une incommensurable association de vibrations d'une même intensité, chaque vibration semblant même ne pas toucher sa voisine. Approfondie à son tour, cette vibration semblerait même ne pas exister, se confondre avec le néant.

Toutes les joies, toutes les douleurs de l'individu, ne sont que des *illusions*, échafaudées sous l'impulsion de l'âme de la masse. Les organes, les besoins de l'individu ne sont que des ombres, des fantaisies, peut-on dire, créées de toutes pièces par cette entité invisible et mystérieuse : l'espèce.

Mais, de même qu'un individu ne se préoccupe pas des cellules qui le composent, de même l'espèce ne saurait s'attarder à considérer les individus pour eux-mêmes.

L'espèce a un but, une passion, qui est la culture d'elle-même. C'est elle qui crée la douleur dans les animaux pour les avertir du danger de la détérioration. C'est elle qui crée l'instinct de conservation, l'horreur de la mort, la joie de la reproduction. Elle est, pour les individus qui la composent, comme un Dieu invisible, partout et nulle part à la fois, sans pitié pour l'isolé qu'elle sacrifie toujours à l'intérêt de la masse qui est elle-même.

Toutes les affections, toutes les maladies dont souffrent les êtres n'existent pas plus que tout le reste. Car elles représentent le mal, l'erreur, *qui ne saurait exister dans un monde où toutes les lois sont mathématiques et parfaites*. Mais elles sont des illusions matérialisées, voulues, par l'espèce, qui se sert d'elles pour arriver à ses fins, pour réglementer, corriger, préparer l'évolution, non pas des individus pour eux-mêmes, qui sont faits de matière et mortels, mais de l'espèce, qui est immortelle et divine.

Dans cet ordre d'idées, un parasite, un microbe peut être dangereux pour telle espèce, inoffensif pour telle autre, de même qu'un remède peut amener chez telle maladie une guérison radicale, et rester inopérant lorsqu'il est appliqué à un certain tempérament. C'est que, dans le premier cas, l'espèce a dirigé sa volonté, formé une illusion qui lui fait traiter ce microbe ou ce parasite en ennemi ou en neutre. Dans le second cas l'individu prépare sa volonté, consciemment ou inconsciemment, à assimiler ou non le remède. Sous l'aiguillon de la volonté, aidée par les souvenirs, les vieilles sensations de la mémoire, l'organisme se met au travail.

♣

Les dards du hérisson, la poche du kangourou, la trompe de l'éléphant, le liquide noir de la seiche, le venin du serpent, le mimétisme des animaux dont le pelage se confond avec les feuilles mortes et les teintes du milieu où ils vivent, sont toutes des étonnantes réalisations de l'aspiration de ces espèces. Car les individus concourent inconsciemment à la formation d'une âme directrice éminemment sensible et consciente.

La queue d'un lézard se met à repousser sitôt qu'elle est coupée parce que c'est là la volonté, non pas du lézard, mais de son espèce. Si l'espèce humaine jugeait utile pour elle-même de faire repousser les membres coupés, de faire disparaître les plaies et les infections, en un mot de provoquer un fait quelconque, que nous appellerions aujourd'hui miracle, parce que nos sens n'en ont pas encore l'expérience, ce fait s'accomplirait tout naturellement sous l'influence invisible de cette autorité surnaturelle qui est l'espèce.

Une espèce qui perdrait sa force d'ensemble, sa confiance en elle-même, verrait ses individus s'étioler, se débattre dans les affres de maladies étranges, et s'éteindre peu à peu, offrant en cela le reflet physiologique de la déchéance morale de l'entité souveraine, qui est l'espèce.

♣

Les soubresauts moraux, qui sont les guerres, les révoltes, tout comme les épidémies, sont des évolutions voulues par l'espèce humaine qui réalise ainsi un but défini, mais inaccessible à la compréhension de l'individu.

Les maladies politiques de l'humanité peuvent se comparer aux maladies de l'organisme physiologique. Tout comme elles les révolutions, les guerres, sont le produit de l'illusion, de la volonté, du caprice de la masse.

Telle nation, ou toutes, verront, à une certaine époque, un péril dans le mouvement religieux, à une autre époque, dans l'évolution du voisin. La même illusion étant partagée des deux côtés, le péril, la maladie illusoire, devient réelle par le fait que les deux partis viennent se heurter.

Dans l'éloignement on se rend compte que ce sont les illusions qui ont forgé les maladies sociales et que si l'illusion avait été redressée, le péril n'aurait pas existé. Celui-ci n'existe que parce qu'on y pense et *qu'on lui donne ainsi un corps*.

C'est ainsi que les peuples et les nations se débattent contre des périls réciproques, guerres religieuses et politiques, révolutions économiques ou sociales et qui ne sont, en fin de compte, que le produit tout pur de leur imagination au travail.

Au lendemain des grandes crises sociales, dans cette force psychologique immense que représente l'humanité civilisée, lorsque le découragement, le dégoût, s'empare des foules, que les illusions heureuses tombent et que la confiance en soi disparaît, les épidémies, les famines étendent leurs ravages.

C'est que la foule remplace les illusions tombées par de nouvelles et vient redresser par la douleur et la mortification, les erreurs accumulées qui ont fini par détruire l'équilibre vital et compromettre la marche du progrès. L'âme universelle de l'espèce n'a plus d'autre moyen à sa disposition pour abattre le mal qu'elle a invoqué, que d'exagérer l'erreur pour qu'elle se détruise elle-même.

Une espèce est constituée par des milliers d'individus exactement semblables entre eux et c'est cette similitude qui compose l'*entité générale*, comme les molécules d'un corps simple viennent constituer ce corps par leur association.

Un corps est donc une association de molécules dont la forme identique les fait « s'emboîter » exactement les unes dans les autres et c'est cette exactitude qui constitue le corps lui-même. Toute molécule qui ne s'emboîterait pas dans les autres, *ne pourrait trouver de place dans ce corps*.

Une espèce est constituée de la même façon. Tant que les individus qui la composent sont semblables entre eux, ils font partie intégrante de l'espèce, s'unissent et se reproduisent à l'infini. Le fait de différer de l'un aux autres les fait s'éloigner delamasse et détruit leur synchronisme par rapport à l'espèce, dont ils sont issus. Ils vont, dès lors, composer une nouvelle espèce tout comme une molécule différente irait, en se multipliant, constituer un nouveau corps.

On conçoit que la volonté, les désirs de l'espèce soient prédominants sur la volonté de l'individu, et que la mémoire, les sensations de l'espèce, soient indépendantes de l'individu et s'imposent à lui, puisqu'elles sont toutes des *accumulations de milliers de faits semblables*, perçus dans le temps, auxquels l'individu ne peut opposer que les efforts différents qui composent sa courte vie.

L'individu peut arriver par une volonté continue, à influer sur son espèce, car une même action, répétée dans les générations, finit par s'imposer à son tour sur les individus qui suivent.

Ce changement serait rapide si l'individu pouvait se reproduire par lui-même, mais, forcé comme il l'est de s'accoupler à un autre individu pour cela, les croisements successifs font qu'il faut de longues générations pour que les efforts répétés, dispersés dans la masse, viennent se cristalliser pour toute l'espèce sur un unique cliché.

Le changement est très rapide lorsque l'espèce commence à se former et cela simplement parce qu'elle compte moins d'individus, ce qui fait qu'ils subissent tous, dans un laps de temps très court, la même évolution. Mais lorsqu'une espèce compte ses individus par millions, l'évolution est très lente et presque impossible, parce que les efforts d'une partie d'individus portés au changement, viennent, par les croisements, se heurter à l'inertie de la masse.

La lenteur dans l'évolution est la même pour les plantes comme pour les êtres. Cependant la plante, se reproduisant *par elle-même*, devrait modifier l'apparence des espèces végétales beaucoup plus vite que ne se modifient les espèces animales dont les individus se reproduisent *par croisements*. Mais n'oublions pas que dans la plante l'évolution se fait seulement par les impressions reçues, tandis que dans l'être elle se fait doublement vite par les impressions et les désirs combinés.

☙

L'être vivant sera d'autant plus intelligent, que son enfance aura été plus longue et que, par conséquent, les impressions reçues par l'individu auront été plus nombreuses, de la même façon qu'une espèce sera d'autant plus développée qu'elle aura eu, dans le passé, à accomplir plus d'efforts différents.

Mais une enfance longue, qui correspond du reste à une longue vie, ne peut se trouver que dans une espèce extrêmement développée qui aura acquis, dans ce développement, une telle collection d'impressions et de faits, qu'elle nécessite de longues années de mise au point dans chaque individu.

Dans ce cas l'individu, à sa naissance, est prédisposé par son espèce, à acquérir de merveilleuses qualités qui ne se révèleront qu'au fur et à mesure que se fera son éducation. Cette éducation serait sans effet sur l'individu d'une espèce où l'âge adulte est atteint au bout de quelques mois. Ce serait folie, malgré qu'un chien fasse preuve d'une intelligence exceptionnelle, que d'essayer de lui apprendre à lire. Son aptitude particulière ne saurait réagir contre l'atavisme de son espèce.

Dans une espèce qui se différencie en races, une race primera toujours l'autre sous le rapport de l'intelligence. C'est ainsi que dans l'espèce humaine le noir est inférieur au jaune qui est encore inférieur au blanc. Tout ceci est subordonné à la précocité de l'individu dans chaque race. Un individu, dans la race, primera à son tour sur un autre individu. Mais l'individu selon sa race, est d'autant moins habile à assimiler de connaissances que sa précocité est grande, que son âge adulte est rapidement atteint.

L'action de l'esprit est donc souveraine sur la durée du corps. Le corps ne dure que sous l'impulsion que lui donne l'âme. Le corps d'un moucheron se trouvera être usé en vingt-quatre heures, tandis que le corps d'un homme se trouvera être encore en pleine activité à soixante ans.

La vie n'est qu'activité, c'est-à-dire incessante transformation. C'est la matière qui, à l'origine, engendra la force par une compression universelle sur elle-même, et c'est la force à son tour qui pétrit la matière sous des apparences variant à l'infini.

C'est l'âme qui crée le corps, qui n'est que la manifestation passive de l'esprit actif qui l'anime, et c'est le corps qui modifie l'esprit. C'est dans l'âme que se fait l'évolution intérieure par les désirs, et c'est dans le corps que se fait l'évolution extérieure par les sensations.

Car c'est *l'idée subtile* qui dirige la *forme inerte*. Et c'est dans la forme que se consacre et se développe l'idée.

Nous avions appris que toute chaleur se change en force, et que toute force redevient chaleur. C'est la loi vitale.

L'individu n'échappe pas à cette loi. Cette force, ces efforts immenses que représente pour lui tout le passé de son espèce, il la contient, tout comme une chaleur contient une force antérieure immense.

Tout comme une chaleur, il redevient, par la reproduction, une force qui n'est qu'un élan vers son évolution future, l'avenir de son espèce. Il est la matérialisation de cette force passée qui devient force à venir. *Il est une flamme éphémère* qui contient un amoncellement d'efforts éternels.

☙

Il y a dans tout ce qui vit un principe inéluctable, c'est celui qui permet de reproduire l'espèce à l'infini en faisant succéder des individus nouveaux à ceux qui sont usés : c'est le principe de reproduction.

Nous avons vu que dans la végétation, l'électricité atmosphérique remplit ce rôle par un phénomène matériel inconscient : l'éclair.

Dans les êtres animés, ce phénomène est conscient. C'est l'être lui-même qui en est chargé et c'est son âme individuelle, l'intelligence, qui lui donne les moyens de l'accomplir.

L'être se dédouble en être mâle et en être femelle. Le mâle est, certes, dans l'espèce, identique à la femelle. Mais tout en conservant les caractéristiques de l'espèce, il est, il doit être, l'antithèse absolue de sa femelle. C'est là une stricte loi de la nature que rien ne peut vivre sans s'accoupler à son opposé. Pas de mouvement dans l'atmosphère sans que le chaud ne s'oppose au froid. Pas de vie dans les plantes, sans que le positif ne s'oppose au négatif, pas de génération dans l'animalité, sans que le mâle ne s'accouple à la femelle.

En photographie, le cliché positif est celui qui donne l'image réelle, les ombres noires et les clartés blanches. Si nous voulons reproduire cette image à l'infini, nous devrons établir un cliché qui sera l'exacte reproduction de l'autre, mais à *l'envers*, c'est-à-dire absolument contraire dans son aspect. Nous aurons ainsi un cliché négatif, ou femelle. Avec ce nouveau cliché nous pourrons obtenir de nouvelles images à volonté et ces images seront à nouveau positives. Le cliché mâle, ou positif, est donc unique, le modèle, le singulier de l'espèce. Le cliché femelle, ou négatif, est donc légion, le pluriel de l'espèce.

Tout ce qui n'est pas accompagné de sa négation ne peut se reproduire, ne peut même pas vivre, parce qu'il ne peut y avoir, par la juxtaposition des contraires, de relativité, donc d'harmonie.

La musique est harmonieuse, parce qu'elle est obtenue par une succession de sons variés alternant avec des silences d'une durée toujours différente.

Les couleurs sont l'opposition des teintes issues de la décomposition du spectre. C'est le noir alternant avec le blanc dans une variété de teintes intermédiaires.

Tout ce qui ne possède pas son antithèse immédiate, tout ce qui ne peut se mêler à son contraire, reste immobile ; c'est ce que nous appelons « la Mort ».

☙

Dans les espèces animales le même jeu mécanique se présente. Le mâle est celui qui provoque la reproduction ; il a en lui le germe créateur, et le désir le pousse à féconder. La femelle est celle qui attend de l'extérieur la volonté qui usera de son enveloppe, qui lui imposera le travail de reproduction, en se servant de sa passivité continuelle pour y développer l'activité reproductrice du mâle, qui n'est chez celui-ci qu'intermittente.

La fécondation est donc, pour le mâle, une chose toute extérieure et de courte durée. Elle est, pour la femelle, toute intérieure et de longue durée. Le mâle veut et la femelle subit.

Lorsque les deux éléments sexuels abandonnent le désir, l'espèce ne peut plus se reproduire et elle s'éteint. Mais cela est impossible, de par la composition du principe vital des êtres, l'intelligence, que nous allons exposer tout-à-l'heure.

Dans le coït animal, il est nécessaire qu'il y ait tension de la volonté chez le mâle. Il y a identité, comme nous l'avons vu, entre *volonté* et *chaleur*. Cette tension de volonté, accélérant la circulation du sang, provoque une accumulation de chaleur, de force par conséquent, dans un point déterminé du corps du mâle, au lieu de se répartir également dans tout l'organisme.

Encore une fois le même phénomène que dans l'éclair se produit. Cette chaleur, ne pouvant dilater la matière spermatique, y provoque, comme dans l'atmosphère, une contraction qui se traduit dans le liquide reproducteur par de minces filaments, de microscopiques vibrions, offrant, sous une échelle infime, la forme d'un éclair ou d'une racine. Ces filaments ne sont autre chose que les embryons de systèmes nerveux de futurs individus. Ce sont les spermatozoïdes.

Imprégnés de fluide positif, ils ont besoin pour le conserver, de s'isoler instantanément, sous peine de disparaître. Ceux qui peuvent atteindre un ovule dans l'ovaire de la femelle sont immédiatement à l'abri de la destruction. Séparés du reste de l'organisme par une enveloppe isolante, ils commencent insensiblement à se développer, sous l'action de la chaleur maternelle qui se transforme continuellement, à leur endroit, en fluide positif.

Ce nœud de nervures, le spermatozoïde initial, se renforce donc lentement. Le travail de maternité vient concentrer sur lui, dans l'enveloppe isolante qui est l'œuf, toutes les caractéristiques, tous les organes acquis par l'espèce et il devient peu à peu un nouvel être.

La femelle peut demeurer à tout moment passive, n'user d'aucune volonté et cependant être fécondée, tandis qu'il serait impossible à un mâle de féconder, s'il n'usait à ce moment de sa volonté, s'il n'arrivait pas à la concentrer suffisamment pour provoquer la chaleur nécessaire à la création du spermatozoïde. D'autre part, il serait impossible au spermatozoïde de se développer, si la mémoire physique, la mémoire de l'espèce n'agissait constamment dans la mère au cours de la gestation par le canal de son système nerveux. C'est cette mémoire qui vient fixer les organes, les caractéristiques physiques et morales du rejeton et distribuer les sexes dans un équilibre parfait.

Dans l'acte d'accouplement, le mâle apporte donc la volonté de l'espèce, qui vient s'allier à la mémoire de l'espèce, apportée par la femelle.

La volonté, qui est une forme de la chaleur dans l'individu, est seule en action chez le mâle à ce moment. Elle crée, nous l'avons vu, par un simple phénomène galvanoplastique, dans le liquide spermatique, de minuscules vibrions, les spermatozoïdes, microscopiques projections du mâle et positifs, c'est-à-dire *pleins*.

La mémoire, la sensibilité, qui est une forme de l'électricité dans l'individu, est par contre seule en action chez la femelle. Elle crée, par galvanoplastie, dans l'ovaire, de minuscules cellules, les ovules, projections microscopiques de la femelle, et négatifs, c'est-à-dire *creux*, *en forme de moule*.

Il se passe, au moment de l'accouplement, un rapprochement des deux éléments contraires. Le spermatozoïde du mâle est d'une composition identique à celle de l'ovule de la femelle. Les formes, simplement opposées, peuvent « s'emboiter » exactement, et lorsque cet « emboitement » s'est produit, le spermatozoïde se trouve établi dans une cellule qui l'isole et lui conserve sa chaleur et sa vitalité, représentée à ce moment, par une infime quantité de fluide positif.

⁂

L'action galvanoplastique est obtenue, dans le mâle, par une dilatation de ses vaisseaux, dilatation contenue dans ses organes reproducteurs, et qui, ne pouvant dépasser une certaine limite, change instantanément le surcroit de chaleur en fluide positif, lequel se corporise, par le carbone, en spermatozoïdes.

L'action galvanoplastique est obtenue, dans la femelle, par l'action de l'électricité naturelle du système nerveux qui prépare, à de certaines époques, des ovules en forme de moule.

Et c'est la forme sphérique du germe qui est, dans la vie organique l'origine de la symétrie qui est la caractéristique des corps vivants.

⁂

Quand nous disons que le spermatozoïde ou l'ovule reproduisent exactement, par galvanoplastie, la forme des individus accouplés, nous voulons dire simplement que cette reproduction existe *en principe*, en impulsion, c'est-à-dire en germe. Elle ne pourra, en conséquence, reproduire vraiment le corps et atteindre un complet développement, qu'à l'aide de la matière étrangère qui sera peu à peu assimilée par le nouvel individu.

C'est ainsi qu'une graine ou un œuf reproduisent un arbre ou un animal, non pas dans leur développement complet, mais dans leur possibilité future qui n'est que le bilan dressé des efforts de l'espèce dans le passé.

Il ne faut pas, d'autre part, prendre à la lettre l'expression «s'emboiter» que nous employons à défaut d'autre. Le spermatozoïde qui «s'emboite» dans l'ovule le fait par un processus de mémoire, venant de l'espèce, et dont le mécanisme délicat est trop insaisissable à nos yeux pour ne pas nous échapper.

Nous avions déjà vu, dans la vie chimique ou minéralogique, que le satellite naissant qui provient des débris d'une comète, est lui aussi le germe d'un immense soleil qui s'affirmera lorsque son évolution, sous la compression de l'univers, atteindra à son apogée.

Les individus ne peuvent se reproduire en dehors de leur espèce, pas plus qu'un cliché d'une certaine image ne peut reproduire *une autre image*. Lorsque des individus d'espèces apparentées réussissent à se féconder, c'est, pour ainsi dire, une juxtaposition de deux images différentes, une création hybride et qui, par conséquent, ne peut plus avoir le don de se reproduire. Cette reproduction ne serait plus, en effet, qu'un étrange assemblage illogique et hétéroclite d'organes lesquels, en se déformant de plus en plus, ne pourraient plus parvenir à s'ajuster, et elle finirait par entrainer la disparition des espèces. La symétrie disparaitrait de la figure animale. Le monde ne serait peuplé que de monstres. Mais cela est impossible ; l'individu ne peut se reproduire que dans l'espèce parce que là, seulement, peut s'obtenir la synchronisation des organes.

Tout ce qui constitue, dans un sexe, un attrait, doit toujours dans l'espèce être l'opposé de ce qui existe dans l'autre sexe.

Ce que la femme aime dans l'homme, c'est sa force, sa rudesse et même sa bestialité. Ce que l'homme aime chez la femme, c'est sa beauté, sa finesse, sa délicatesse, son ingénuité.

Le mâle est nécessairement gouverné par la volonté d'abord, au contraire de la femelle dont la sensibilité est la caractéristique. C'est la volonté, la passion, qui dirige l'homme, ce sont les nerfs qui dominent la femme.

On ne saurait dire cependant que l'homme est plus intelligent que la femme. Les deux sexes sont supérieurs l'un sur l'autre dans les attributions, les sensations qui leur sont propres. L'un est issu de l'autre et les deux se complètent.

La sphère, dans l'univers, est le principe, le point de départ de toute vie inorganique ou organique.

Dans la vie inorganique, dans le cosmos, la vie, l'activité, l'évolution commence dès que l'astre naissant a acquis la forme sphérique. La compression de l'univers qui s'exerce aussitôt de toutes parts sur lui, crée, à son centre, une *dilatation continue*, qui fait peu à peu évoluer la matière dont il est composé.

La vie extérieure des sphères, l'action physique, a son origine dans la force de compression réfléchie par le sol et qui, arrêtée par la limite circulaire de l'atmosphère lorsqu'elle touche à la relation densitaire, se renverse en électricité.

Dans la vie organique végétale, c'est la cellule en forme de sphère qui engendre la vie sous la compression du coup de foudre et qui perpétue la reproduction.

Dans la vie animale, enfin, c'est cette autre sphère que représente la cellule fécondée qui assure la procréation.

La vie n'est donc qu'un cercle dont on ne peut s'évader que pour rentrer dans le néant. C'est la sphère qui est pour nous l'emblème de l'évolution et de l'activité éternelle.

L'esprit qui, par son accouplement à la matière, compose les êtres vivants, est lui-même composé de deux principes : la mémoire, *principe passif* et la volonté, *principe actif*. La mémoire, dans la pensée, est ce qui constitue le passé, le souvenir des choses vécues ; la volonté est ce qui constitue le futur, le « survenir », les choses à vivre.

Le présent, dans la vie animale qui est, du reste, la seule vie perceptive, n'existe pas. Le présent est constitué dans l'esprit, par le point exact de jonction entre le passé et l'avenir. Mais, sans mémoire et sans volonté, il n'y a pas de présent possible. La vie ne peut se percevoir que par l'intelligence au moment précis où le passé, par la mémoire, s'unissant au futur, par la volonté, donne naissance à la sensation du présent.

Le monde est éternel, et il ne peut y avoir de présent, d'avenir, ni de passé dans l'éternel. Il n'y a de présent que pour les choses vivantes et encore faut-il que ce présent soit perçu par elles pour exister. C'est pourquoi les minéraux, ni les plantes ne connaissent le présent, mais les animaux le connaissent car le présent est constitué par la durée de leur vie perceptive.

La vie est subjective de l'intelligence. Objectivement, il n'y a rien, car la matière est partout invisible, uniforme et intangible. Elle ne prend corps que pour les sens qui la voient évoluer dans un cycle éternel.

La volonté, dans l'être, peut se comparer *à un point unique* toujours tendu vers l'avenir, point vierge, absolument blanc, puisque c'est l'élan de l'être vers la sensation future, donc qui ne s'est pas encore manifestée.

Le mémoire peut se comparer à des *milliers de points* qui marquent chacun une sensation qui s'est déjà produite.

L'esprit ne vit que dans le présent, et pourtant ce présent est inexistant. Car le passé se joint au futur sans qu'il y ait un seul moment d'arrêt. Le présent ne peut exister, pas plus que n'a jamais existé la vingt-quatrième heure, car la vingt-quatrième heure finit quand elle commence Mais ce qui constitue le présent pour nous, à un point de vue plus large, c'est un *passé immédiat*, mêlé à un *avenir imminent*, c'est-à-dire une quasi-certitude de ce qui va se produire dans l'avenir, par ce que nous avons vécu dans le passé.

C'est ainsi qu'avant d'avoir posé le pied sur une marche, nous prévoyons ce qui va se produire et nous préparons notre volonté pour une autre enjambée, alors que la précédente est toujours dans la volonté, et non encore dans la mémoire.

☙

La volonté, *principe actif*, est une, puisqu'elle est toujours pareille, invariablement dirigée sur l'avenir, sur un seul point, toujours le même. La mémoire, *principe passif*, est légion, puisqu'elle est composée de tous les faits passés qui incitent la volonté à de nouveaux buts.

La mémoire, ce sont les faits passés, *connus*, innombrables et différents, alors que la volonté est le fait visé, *inconnu*, identique. Et la volonté ne peut vivre que parce que la mémoire est là pour la guider, qu'elle s'appuie sur l'expérience du passé pour mieux désirer de l'avenir.

La volonté, qui représente dans l'être l'avenir, est, nous l'avons vu, un produit psychologique de la chaleur; comme la mémoire, qui représente le passé, est un produit psychologique de l'électricité.

Nous sommes donc d'accord à la base comme au sommet, puisque la chaleur est une dilatation lente, continuellement dirigée sur l'avenir, tandis que l'électricité est une contraction, un élan en arrière, retour subit de la chaleur antérieure sur elle-même, rapportant d'un seul coup la force passée.

☙

Le présent, c'est-à-dire la perception de la vie a besoin de volonté et de mémoire pour exister.

Nous pouvons regarder sans voir, ou écouter sans entendre, parce que nous n'avons pas la volonté de voir ou d'entendre, c'est ce que nous appelons la distraction. Pourtant la mémoire nous engage à avoir la volonté de prêter attention à tout ce qui se passe sous nos yeux, aussi bien que nous avons à tout instant la volonté de nous rappeler du passé.

Nous ne pouvons avoir une meilleure preuve que la volonté est nécessaire pour voir, entendre ou sentir, que dans le fait que nous ne pouvons, malgré nos multiples sens, faire deux choses à la fois. Si notre attention, notre volonté, est concentrée sur une personne parlant, nous n'entendrions pas les autres qui se mettraient à parler, malgré que notre faculté de l'ouïe, notre pavillon auditif, soit aussi rapproché des dernières personnes que de la première. Toutefois nous entendrions quand même un autre bruit beaucoup plus fort, parce que notre volonté, par son union à la mémoire, *est toujours tendue vers le danger possible*, et nous finirions instantanément d'écouter la personne qui parle pour concentrer notre volonté sur le nouveau bruit.

En résumé, pas de perception possible du présent sans l'aide de la volonté, accouplée à la mémoire. L'intelligence est la seule capable de concevoir, ou plutôt de percevoir la vie, c'est-à-dire le présent. Et le présent est immuablement le point de rencontre du passé et de l'avenir, le jeu de la mémoire et de la volonté.

☙

La volonté et la mémoire, dont le jeu incessant constitue l'intelligence, donnent à l'être toutes les sensations qui font sa vie. Et celà parce que *la volonté n'est autre chose pour lui que la joie, la mémoire autre chose que la douleur.*

Lorsque l'être est en joie, seule la volonté est en action, lorsqu'il souffre, c'est seulement sa mémoire.

La mémoire-douleur est l'antithèse de la volonté-joie, et le fonctionnement des deux puissances est nécessairement contraire. *On veut la joie*, c'est un effort de volonté qui l'appelle, qui la crée de toutes pièces. *On ne peut que subir la douleur*, elle vient d'elle-même, elle s'impose.

La volonté est une absence de mémoire, donc la mémoire est une absence de volonté-joie. Cependant la vie est presque toujours un terme moyen, qui est l'équilibre entre la volonté et la mémoire, et qui n'est la douleur ni la joie. Mais cet équilibre est souvent rompu, soit que la volonté prime la mémoire, donc joie, soit que la mémoire prime la volonté, donc douleur.

Dans les moments d'extrême douleur toute volonté est disparue, remplacée par la mémoire. Dans les moments d'intense joie, désir ou volupté amoureuse, toute mémoire est disparue, remplacée par la volonté.

Il existe deux sortes de douleur bien distinctes : *la douleur matérielle, ou physique, et la douleur spirituelle, ou morale.* C'est qu'il y a dans l'être, deux sortes de mémoire. Il y a d'abord la mémoire de l'espèce, mémoire machinale, instinctive et toujours en action. C'est la mémoire des efforts de l'espèce des périls encourus, des peines endurées au cours des âges et qui ont déterminés dans l'individu la terreur de la déformation, de la mutilation, de la disparition.

Cette mémoire, c'est la douleur physique, douleur pure, uniforme dans l'espèce, car l'espèce est unique pour tous les individus.

Il y a ensuite, la mémoire, les souvenirs personnels de l'individu lui-même, mémoire raisonnée celle-là. Cette mémoire, c'est la douleur morale, douleur variable, car chaque individu est différent dans l'espèce.

Sans mémoire, un être ne saurait souffrir, physiquement ou moralement. On souffre parce qu'on se rappelle un effort perdu une joie disparue. On ne saurait pleurer quelque chose qui n'a laissé aucune trace dans l'esprit.

De même, il existe dans l'être deux sortes de joie, partant deux sortes de volonté. Il y a *la joie charnelle*, la volonté de l'espèce d'assurer sa perpétuation par la reproduction. Cette joie est de la joie pure, uniforme pour tous les individus. Elle est instinctive, irraisonnée. C'est ce que nous appelons l'amour, les plaisirs sexuels.

Il y a *la joie morale*, qui est la volonté raisonnée, les passions personnelles qui varient avec chaque individu selon l'éducation, les impressions recueillies, les goûts contractés au cours de la vie.

En réalité, la mémoire et la volonté de l'espèce c'est l'instinct. La mémoire et la volonté de l'individu c'est l'âme pensante. Il y a un peu de cette âme dans l'animal, il y en a beaucoup dans l'homme.

❧

Les fakirs de l'Inde, les fanatiques de l'Orient, lorsqu'ils se font martyriser, maîtrisent leur mémoire par la volonté et toute douleur disparait. La béatitude d'un dévot est un effort de concentration de la volonté, annihilant la mémoire, et la sensation est toute de joie.

Un condamné qui monte au supplice et qui le redoute, est dans un état de tension extrême, c'est-à-dire qu'il est en train de rendre sa mémoire extrêmement sensible en répudiant toute volonté. Au moment du supplice, l'action psychique du sujet ne se dirige plus vers la volonté, mais s'arrête à la mémoire, c'est-à-dire à la douleur. Le supplicié souffre.

Un patient qui est anesthésié est rendu insensible à la mémoire comme à la volonté, donc à la douleur comme à la joie. On peut mieux, à ce moment, s'apercevoir que la vie, c'est-à-dire le présent, est faite du point de contact entre la mémoire et la volonté. Lorsque ces deux propositions s'éteignent, le passé et le futur disparaissent. Le corps mécanique, le balancier de la vie, ne fonctionne plus que sur l'élan qu'il a conservé. C'est le néant pour l'âme.

L'être qui a peur a son système nerveux tendu à l'extrême. *Il tremble, il a froid*, sa température tombe, parce que sa chaleur, *comme dans un éclair*, a fait retour sur elle-même, s'est contractée dans ses nerfs, produisant une électricité plus forte, poussant sa sensibilité, sa douleur à son summum. Ainsi, selon les sensations de l'être, la joie fait place à la douleur, donc la mémoire prend la place de la volonté, dès que sa chaleur se mue en électricité.

♧

Le nerf optique, le nerf auditif, le nerf olfactif, les papilles de la bouche, l'épiderme, ne sont que des agents conducteurs qui, impressionnés par un fait, s'adressant à leur sensibilité particulière, vont avertir le cerveau, c'est-à-dire la mémoire et la volonté.

La mémoire met sur la trace de la sensation précédente. Lorsque cette sensation était faite de joie, la volonté s'exerce à forcer encore cette joie. Et plus l'esprit est préparé à l'avance par la volonté, plus la sensation est forte. C'est là l'explication des passions.

Dans l'amour, la volonté se concentre sur un seul être, au moins pour un temps, car on ne peut vouloir deux choses à la fois, la volonté étant unique. Tous les sens entrent en action.

Le visage de l'être aimé devient un plaisir pour les yeux, sa voix un plaisir pour l'ouïe, son parfum un plaisir pour l'odorat, son baiser un plaisir pour le goût, son corps une joie pour les sens.

Dans une griserie artificielle, l'opium, par exemple, l'esprit apprête sa volonté à éprouver une joie immense. La drogue, elle-même, n'agit que comme insensibilisatrice *de la mémoire*, par conséquent n'affecte que le fluide nerveux, au contraire de l'alcool ou de l'éther qui accélèrent la circulation sanguine. A la première pipe, la volonté, ou auto-suggestion, entre en ligne. Elle se prépare à la sensation, mais ne la perçoit pas encore. Par la suite la sensation, qui n'est ici que le jeu de la volonté, de la joie pure, s'affirme. La volonté, rendue de plus en plus indépendante de la mémoire, et enfin seule maîtresse de l'esprit, se forme au rêve d'opium, et tout autre volonté est bannie de l'esprit du fumeur.

C'est donc le jeu de la volonté poussé à l'extrême qui fait la joie des passions. Et toutes les passions sont les mêmes.

♣

La douleur se forme seulement dans la mémoire. Un coup, une blessure, qui arrive d'une façon imprévue, *ne se sent pas*. Dans la bataille un soldat ne sentira pas sa blessure, si forte soit-elle, parce qu'il est *tout à la volonté de l'action*. Mais un coup qui est annoncé d'avance, une douleur progressivement amenée est extrêmement vive, *parce qu'elle est toute dans la mémoire*.

La mémoire est presque toujours l'appréhension d'un mal précédent, car elle est toute douleur. Un tison que l'on approche de l'épiderme d'une personne lui donnera la sensation atroce de la brûlure, même si, au dernier moment, et sans que le sujet s'en doute, le tison est remplacé par un objet froid.

C'est la mémoire qui retient la volonté ; c'est la douleur qui retient la joie. En hypnotisme des travaux de force étonnants sont accomplis par des sujets à l'état de sommeil. Dans ce cas, seule la volonté du sujet travaille ; la mémoire, disparue, ne l'avertit pas que cet effort est trop grand pour son organisme. C'est la volonté travaillant sans la mémoire, *c'est-à-dire sans la douleur*.

La folie est une disproportion entre la volonté et la mémoire. Pléthore de l'une, pénurie de l'autre, produisant la démence sous tous ses aspects.

⁂

Lorsque l'on veut se rappeler quelque chose, c'est par un effort de volonté qui s'allie à la mémoire ; il y a donc compensation, ni joie ni douleur, puisqu'il y a combinaison des deux, donnant un terme moyen.

Lorsque l'esprit revit des scènes passées qui lui avaient procuré de la joie, on dirait que c'est ici la mémoire qui est en fonction et pourtant l'esprit a du plaisir, donc volonté et non mémoire.

C'est que, dans ce cas, l'esprit s'est servi de la mémoire par un effort de volonté et telle scène qui paraît rappelée dans l'esprit en lui procurant du plaisir est simplement *voulue*, c'est donc bien un effort de volonté.

Car ce souvenir est toujours une scène nouvelle, imitant l'ancienne, presque toujours faussée, puisqu'elle peut attendrir diversement à de différents moments. C'est une reproduction de la scène que l'on voudrait revivre à nouveau, une production complète de la volonté, sensation neuve qui semble faire revivre le passé. Mais ce n'est pas du passé.

Et s'il était possible de comparer la scène vécue, la scène réelle, à celle que l'on imagine par un effort de volonté, on serait surpris d'y noter d'étonnantes disproportions, parce que la volonté ne donne que ce qu'elle veut façonner.

La mémoire, qui n'est que douleur, n'a pas besoin de la volonté pour s'affirmer. Elle vient tout naturellement et avec une exactitude extrême. On ne peut la *vouloir*, il faut la *subir*. La joie est progressive, la douleur est instantanée.

☙

La volonté est un effort, une activité. La mémoire est une inaction, une passivité.

La mémoire est, pour ainsi dire, le registre des sensations éprouvées *par l'individu et par l'espèce*. Elle est d'autant plus « douleur » qu'elle est plus consciente.

Elle est d'autant plus consciente que l'espèce a éprouvé de sensations, et que son évolution, par conséquent, a été plus laborieuse, plus dure.

La sensation de douleur, est aussi nécessairement beaucoup plus forte chez l'individu âgé que chez le jeune, parce que celui-ci a beaucoup plus d'appréhension, et qu'il a à son actif une plus grande somme de douleurs vécues.

La joie, par contre, phénomène de volonté, sera d'autant plus forte qu'elle fera réaction à une période d'intense souffrance, phénomène de mémoire.

Les joies et les peines de l'individu seront d'autant plus raffinées et senties que son espèce a dû accomplir d'efforts dans son évolution. Elles sont donc presque nulles chez les animaux inférieurs, intenses et fortes chez les animaux supérieurs.

C'est dire que les joies s'étayent sur les souffrances, que plaisirs et douleurs sont inséparables.

La valeur intelligente d'un individu sera donc basée sur le travail accumulé dans l'espèce d'abord, dans la race ensuite, puis dans l'éducation du peuple et de la famille, enfin dans la totalisation d'efforts qu'il représente lui-même. Sa plaque intelligente, son cerveau, est un composé de toutes ces impressions.

☙

La joie est toujours unique, puisqu'elle est de la volonté pure. Mais la volonté n'arrive jamais à se débarrasser complètement de son compagnon de chaînes, la mémoire. Le bonheur parfait est donc inaccessible sur terre ; il ne peut se trouver que dans la mort au moment où la matière quitte sa personnalité vivante, pour s'unir au grand tout inconscient.

La seule unité est dans l'inactivité, *la mort*. C'est la multiplicité qui fait la sensation, la douleur, *la vie*.

On peut dire, cependant, que la volupté amoureuse, et même le délire des stupéfiants, est la condition la plus proche de l'état inconscient, du nirvana divin, puisque à ce moment les multiples souvenirs de la vie s'effacent pour ne laisser que le phénomène unique de la volonté, qui est la sensation la plus grande, *parce qu'elle n'est plus aucune sensation*.

C'est donc l'échantillon le plus ressemblant du bonheur éternel que nous offre la vie, lorsque, dans des moments de joie suprême, nous perdons la notion de toutes choses.

Elle nous entraîne, pour un court instant, dans le nirvana de la béatitude infinie, dans le néant du bonheur absolu.

On le voit, la joie et la douleur sont toutes deux des combinaisons de mémoire et de volonté. Tout est prétexte à la joie dans la vie, lorsque la volonté est en action, les choses les plus innocentes comme les plus féroces.

Toute mémoire est prétexte à la douleur, et principalement la détérioration du corps animal, parce que la mémoire *physique*, la mémoire de l'espèce, rappelle sans cesse que la disparition de ce corps entraîne l'annihilation de l'individu tout entier.

Il est évident que si l'homme n'avait pas la mémoire-douleur pour le retenir, sa volonté primerait tout et il se détruirait constamment dans son élan continu vers la joie. Mais l'expérience de sa fragilité lui est rappelée par la mémoire-douleur, par tout le passé de son espèce, les souvenirs des accidents survenus au cours de la pénible et laborieuse évolution de tous ceux qui l'ont précédé.

☙

C'est surtout le jeu des sexes qui, perpétuant la vie animale, fait les plaisirs et les peines. C'est des rapports de l'homme avec ses semblables que jaillissent les joies profondes et les atroces douleurs.

L'homme s'adore dans lui-même. L'âme de son espèce est un idéal qui se réalise pour lui dans le sexe opposé. Et c'est son espèce tout entière qu'il adore dans la femme aimée et dans ses enfants.

La femme idéale, sortie du pinceau d'un peintre de talent, frappe d'admiration parce qu'elle traduit la compréhension du beau de toute l'espèce. C'est sur cet idéal que l'organisme humain se met au travail. Et c'est toujours chez les peuples ayant une âme d'artiste que naissent les individus les plus beaux.

L'homme qui hait se hait lui-même. La haine d'un homme pour un autre est un mal qu'il se fait à lui-même. L'amour est une vie éternelle. La haine est un suicide.

Le mal que l'homme fait aux hommes est un mal en réserve pour lui dans l'avenir. Le bien qu'il fait est un héritage qui lui reviendra.

☙

Oui, l'âme est éternelle, mais pas éternelle dans le sens étroit et mesquin du mot, c'est-à-dire dans le sens de l'éternité décernée à notre personnalité, à la petite accumulation de souvenirs, représentée par chacun de nous, à l'exclusion de tout le reste.

Ces souvenirs personnels ne peuvent durer *dans l'éternité*, car leur place a été marquée *dans le temps*.

L'âme, la force du monde, est éternelle, car la matière ne peut mourir. Nous sommes cette matière et nous avons toujours vécu. Tout ce qui nous environne, c'est nous, *c'est moi*. Placés entre l'infiniment grand, que nous ne pouvons approfondir, et l'infiniment petit, qui nous échappe, nous vivons dans tout ce qui nous entoure et tout ce qui nous entoure vit en nous.

Les morts que nous pleurons, c'est nous-même ; c'est ce que nous aurions pu être dans le présent, c'est ce que nous avons été dans le passé, c'est ce que nous serons dans le futur. La bonté des autres, leur méchanceté, *c'est la nôtre*. Mais il faut, pour que la vie soit elle-même, il faut qu'elle soit soufferte sous toutes ses faces, dans toutes ses possibilités, il faut que toutes les douleurs soient ressenties, et que les petits enfants meurent, comme les vieux.

Et la courte vie qui est la nôtre, qu'elle finisse à dix ans, à vingt, à trente ou à cent ans, suffit à son heure. La vie d'un être ne vaut pas la peine d'être vécue au-delà de ce qu'elle a duré, et ceux qui sont morts ne voudraient plus la revivre. Il est bon que la petite collection de faits individuels, accumulée dans une infime parcelle de matière animée, s'arrête là, et que le corps s'en aille rejoindre d'autres activités d'où jailliront d'autres joies et d'autres douleurs.

Car nous avons vécu de toute éternité, dans tous les temps passés et futurs, comme nous vivons aujourd'hui dans celui-ci.

⚜

L'homme éprouve sa plus grande joie dans l'idée de sa reproduction, (dans l'amour au sens élevé du mot,) qui est celle de la *recomposition*, de la vie éternelle. Cette joie c'est l'essence même de la volonté, de cette volonté *surhumaine*, toujours tendue vers l'avenir.

Il éprouve sa plus grande douleur, dans l'idée de sa disparition qui est celle de la *décomposition* ; de la mort éternelle. Cette douleur, c'est l'essence même de la mémoire, de cette mémoire *sous-humaine*, toujours tournée vers le passé.

Dans la vie d'un homme, c'est donc sa volonté qui l'entraîne, c'est sa mémoire, sa réflexion qui le retient. C'est le plaisir qui l'emporte, c'est la souffrance qui l'arrête. C'est la volonté qui est le moteur ; c'est la mémoire qui est le frein.

C'est la joie de la reproduction qui est la plus grande, c'est-à-dire la volonté de l'amour, de la vie, de la recomposition.

C'est la douleur de la disparition qui est la plus forte, c'est-à-dire la mémoire, le souvenir, la représentation de la mort, de la décomposition.

Nous venons de voir comment la matière, que nous pouvons prendre pour une émanation active du néant, accomplit son évolution, créant, lorsque le temps commence, la vie, dans un infini amoncellement d'efforts.

Nous l'avons vue se dédoubler, demeurant matière à son point le plus bas, devenant esprit à son développement le plus haut. Nous avons vu ainsi apparaître le mouvement, les météores, par le jeu incessant du froid et du chaud. Nous avons vu la vie végétale émerger du sol par une évolution rétro-active de la chaleur, qui donne naissance au phénomène électrique. Nous avons vu enfin, par l'accouplement du principe électrique-sensibilité : *Mémoire*, au principe chaleur-force : *Volonté*, apparaître le phénomène *Intelligence*.

La tâche immense de la matière, qui semblerait terminée à l'éclosion de la vie animale sous ses premières faces : l'insecte ou le mollusque, continue cependant la série de ses merveilles par la création du vertébré.

C'est là que le point final paraît s'atteindre, dans cette continuelle poussée de la matière vers le but suprême, avec l'apparition de la *Connaissance*, réalisée par l'homme, l'âme clairement consciente, elle-même sortie de l'instinct, encore enténébré dans une vie fragile et sans pensée.

L'homme est placé au sommet de cette échelle d'efforts inouïs qu'a fait la matière, pour s'évader du néant, dont la vie actuelle n'est qu'un passage. Il représente, dans l'univers, comme une condensation spirituelle de toutes les espèces qui l'ont précédé et dont il est le merveilleux aboutissement. Mais l'effort de la matière est éternel comme elle. Elle a devant elle une tâche toujours plus grande, toujours plus ardue, et s'élance toujours vers de plus hautes destinées.

Avec l'homme elle a fait un pas immense vers Dieu. Elle est désormais en présence de ce que la Bible appelle l'arbre du bien et du mal. Car le cerveau humain représente le plus grand élan de la Nature vers cette Divinité qu'elle adore. Il a acquis la connaissance de lui-même, aidé par une volonté et une mémoire prodigieuses, qui s'affirment au cours d'une enfance très longue, et qui le mettent en face des réalités, qu'il reste maître d'apprécier et de juger, libre qu'il est de séparer le bon du mauvais, et récoltant implacablement le fruit de sa justice ou de ses erreurs.

Et l'homme, pour tous ceux qui pensent positivement, froidement, et sans empiéter sur ce qu'il n'est pas encore permis à l'homme de savoir, doit, à l'apogée de son évolution, ne représenter que la matière seule, prenant enfin conscience d'elle-même.

Nous ne pouvons terminer sans rendre compte de notre impuissance à comprendre l'essence même de l'infini, la raison de l'ordre éternel. Mais nous avons voulu aller jusqu'à l'extrême limite de la pensée, et c'est au seuil du grand mystère que nous avons arrêté nos pas.

Nous n'essaierons pas de le découvrir. Chétif et insignifiant comme est l'homme, il ne saurait prétendre à affronter l'Eternel. Car l'énigme de la vie universelle n'est pas plus à la portée de son intelligence que les étoiles ne sont à la portée de sa main.

Fin.

Conclusion
de la
Philosophie Intuitive-Déductive.

Voici, exposée en quelques pages, trop hâtives à notre gré, les éléments de notre philosophie intuitive-déductive. Nous n'avons certes pas prétendu présenter une œuvre de documentation serrée. Nous avons simplement voulu tracer les grandes lignes d'ensemble de notre système, qui s'inspire constamment de cette directive : *équilibre*, et de cette autre : *proportion*.

Des milliers d'observations et d'expériences de laboratoire viendront confirmer la solidité de notre édifice. Nous laissons à des techniciens le soin de faire les preuves dont nous n'avons pas voulu nous encombrer, confiant que nous sommes en la logique des faits.

L'intuition qui nous a guidé est venue d'abord et sans effort. (Pourquoi ici plutôt qu'ailleurs ?) La déduction est venue ensuite s'emparer de l'inspiration et essayer de rendre compréhensible une intuition qui déroute l'esprit.

C'est pourquoi la déduction peut paraître s'égarer quelquefois dans des raisonnements faux. Mais si la déduction, trop individuelle, trop humaine, hélas ! a pu incliner vers l'erreur, l'intuition, elle, universelle et divine, n'a pas pu se tromper.

Cette première théorie n'est qu'un prologue, une initiation à l'histoire des choses et des faits. Elle ouvre la marche à l'histoire de l'homme, qui s'appellera l'histoire des races, des nations et des peuples. Elle est aussi bien l'explication de la création de l'univers que celle de la formation des institutions sociales. Elle nous ouvrira les yeux sur tous les grands problèmes humains, et, à ce titre, quoi qu'elle ne soit qu'une petite partie de notre ouvrage, elle n'en est pas moins la clef qui nous expliquera tout le reste.

Les institutions humaines sont issues de l'homme, lui-même issu de la vie animale, qui procède de l'élévation naturelle de la matière. Elles présentent donc, dans leur évolution, le même développement que les choses les plus infimes ou les plus immenses. Elles doivent se plier aux mêmes lois ou s'en aller rejoindre dans la mort, toutes les choses qui ne voulurent pas suivre la loi commune.

Physiologiquement l'homme est formé de milliards de molécules matérielles dont l'ensemble constitue le corps. Psychologiquement, il est formé de milliards de vibrations spirituelles dont l'ensemble, dans un enchevêtrement d'accords et de conflits, constitue la pensée. La même conformation peut s'observer dans la Société.

Matériellement, l'humanité constitue une entité physiologique composée de millions d'individus dont l'ensemble représente l'*Espèce humaine*. Spirituellement elle constitue une entité psychologique dont l'ensemble représente *la Civilisation*.

Il n'est pas plus possible à l'individu de s'évader d'un seul coup de l'espèce, qu'à l'homme de se séparer de la Civilisation.

Nous donnerons, si la vie permet, dans un nouvel ouvrage, la même explication pour le passé et l'avenir des races humaines que celle que nous avons donnée pour l'apparition et la destination de la vie dans l'univers et à la surface des globes. Nous étudierons les influences des trois grands types humains sur la vie des nations, sur leur histoire passée et à venir. Nous trouverons, dans l'origine des races, celle des religions et des institutions politiques et économiques, qui sont si étroitement liées les unes aux autres. Nous apprendrons quel est le but suprême de l'homme, parce que nous regarderons passer, en observateurs attentifs, le flot des *magies* et des monarchies; des *mythologies* et des républiques ; des *religions* et des théocraties. Et nous verrons que tout doit s'adapter sous peine de disparaître.

Mais pour adapter, il faut savoir comprendre. L'*intuition* nous guide, *la déduction* doit nous confirmer.

La nature est partout pareille, dans l'esprit comme dans la matière, dans les sociétés comme dans les individus. Le cœur et l'âme doivent marcher de pair.

Lorsqu'une flamme est dans un milieu favorable pour brûler et qu'elle possède assez de combustible et de comburant autour d'elle, elle brûle régulièrement, silencieusement et éternellement. Lorsqu'elle ne peut réunir l'espace et le temps avec les proportions de matières nécessaires à la combustion, elle explose avec un bruit terrible et disparaît.

Les sociétés sont les mêmes. Bien comprises, elles durent sans heurts et sans à-coups. Mal établies, elles s'entre-détruisent avant d'avoir trouvé leur équilibre.

Nous devons donc découvrir dans la civilisation, comme nous l'avons fait pour la matière, deux éléments dont la synthèse régulière doit former une flamme continue : la Paix, et dont la synthèse irrégulière doit déterminer une explosion : la Guerre.

Ces deux états sont offerts au choix de l'Humanité.

Georges MOSSÉ.

Marseille — Août 1918.

TABLE DES MATIÈRES

Pages
INTRODUCTION 3

PREMIÈRE PARTIE (*Chimie-Astronomie*)
    L'AME DES PIERRES — La thèse « Mouvement » 7

Agni, le feu sacré. — La Lumière et l'Ombre — L'activité est un effet de relativité. — Thèse, antithèse et synthèse. — La Vibration et sa valeur dynamique. — Les sept étapes de la Création. — Esprit et matière. — Les trois principes et les quatre éléments. — Les formes solide, pâteuse, liquide et gazeuse. — La gamme du froid au chaud. — La Compression Universelle. — Les relations densitaires. — Attraction et répulsion. — Le volume par la chaleur. — La pesanteur par le froid. — Identité de l'infiniment grand et de l'infiniment petit. — Les contacts permanents engendrent les mouvements réguliers. — Les engrenages célestes. — La révolution selon le poids. — La rotation selon le volume — L'équilibre cosmique est éternel. — L'incessante activité des sphères. — Le creuset central. — Le chaud absolu et le néant intérieur. — Le froid absolu et le néant extérieur. — La matière transmutée et la matière transformée. — La forme poudreuse. — Le rôle des volcans dans la nature. — Les avatars des astres. — Où vont les débris des comètes. — La matière emprisonnée et le cycle éternel. — Le feu, âme du règne minéral. — L'univers infini et l'univers indéfinissable. — L'union du souffle et du chaos. — Les transformations de la lumière. — L'esprit fécondant et la matière fécondée. — Puissances physiques contre puissances chimiques. — La dilatation ou thèse : Force.

DEUXIÈME PARTIE (*Physique-Botanique*)
    L'AME DES PLANTES — L'antithèse « Sensibilité » 53

Indra, la Foudre sacrée. — L'action physique et son cadre. — L'activité minéralogique et l'activité météorologique. — Chaleur contractée et froid dilaté. — Forces en réserve. — Rien ne se perd, tout se reforme. — Le phénomène électrique. — Négatif

contre positif. — La composition d'un éclair. — Les feux St. Elme.
— L'éclosion végétale. — La matière organique. — Feu chimique et
feu physique. — Carbonisation et calcination. — Ce qui nait de
l'oxydation. — La végétation spontanée. — Du gazeux au solide ; du
solide au gazeux. — Combustibles et comburants. — Forces captives.
— L'agent moteur de la végétation. — Le carbone et le laboratoire
de la plante terrestre. — L'iode et le laboratoire de la plante marine.
— Le phosphore et le laboratoire de l'animal. — Les plantes, éclairs
permanents. — Le potentiel électrique échelonné. — L'électricité
âme collective du règne végétal. — L'évolution des espèces. — La
reproduction des individus. — La fleur mâle et le fruit femelle. —
L'éclair déchire les nues et féconde la terre. — Le rut végétal. — Le
mécanisme de la graine. — La galvanoplastie végétale. — Le sel
de la mer en équivalence avec l'oxygène de l'air. — La sensibilité;
sens végétal par excellence. — L'activité jaillit à tout moment de la
matière inerte. — La contraction ou antithèse : Transmission.

Troisième Partie (*Biologie-Psychologie*)
L'AME DES ÊTRES — La synthèse « Perception »..... 83

Brahm, l'âme sacrée. — Ce qui nait de la fermentation.
— La génération spontanée. — La perception, issue de l'équilibre. —
L'apparition du système nerveux. — Identité, au départ, de la vie
végétale ou animale. — La pile électrique animée. — Le principe
calorique de l'animal. — Le cœur, foyer de la combustion dans
l'être. — Le sang « carboné », et combustible. — Le sang oxygéné
et comburant. — Le balancier de la vie. — La sensibilité devient
mémoire. — La force devient volonté. — Les expressions réflexes
et les expressions réfléchies. — Le corps, l'esprit et l'âme. — La
formation des espèces. — Le mollusque et l'insecte. — La fortune
des vertébrés — La matière, expression visible de l'esprit caché. —
Les espèces sont des accumulations de faits. — Les écheveaux
d'illusions. — L'erreur et le mal sont des chimères matérialisées. —

  Pages

L'espèce est le tyran de l'individu. — L'action de l'esprit règle
la durée du corps. — Le jeu des clichés. — La juxtaposition des
contraires. — Le mâle expression de volonté. — La femelle expression de mémoire. — La galvanoplastie animale. — La vie n'est qu'un
cercle éternel. — La volonté, produit de la chaleur. — La mémoire,
produit de l'électricité. — La physiologie des sensations. — Le
mécanisme psychologique. — Passé contre futur. — La volonté-
joie et la mémoire-douleur. — La griserie des passions. — Les joies
s'étayent sur les douleurs. — L'unité de la mort et la multiplicité
de la vie. — Ce que l'on veut et ce que l'on subit. — Le désir de
la reproduction. — L'horreur de la disparition. — L'homme est la
matière qui prend conscience d'elle-même. —

CONCLUSION... 135

Achevé d'imprimer

le quatorze août mil neuf cent dix-neuf

PAR

VICTOR GUIGLION

3, Rue M^{al}-Foch

A CANNES.

TOUS DROITS RÉSERVÉS

www.ingramcontent.com/pod-product-compliance
Lightning Source LLC
Chambersburg PA
CBHW060137100426
42744CB00007B/813